# Marketing con Facebook

LAS VEGAS-CLARK COUNTY
LIBRARY DISTRICT
7060 W. WINDMILL LN.
LAS VEGAS, NV 89113

TÍTULOS ESPECIALES

TÍTULO DE LA OBRA ORIGINAL:
The Facebook Marketing Book

RESPONSABLE EDITORIAL:
Víctor Manuel Ruiz Calderón
Eva Margarita García

TRADUCTOR:
Ana Belén Rubio Orraca

DISEÑO DE CUBIERTA:
Pattodis diseño e imagen S.L.U.

# Marketing con Facebook

DAN ZARRELLA
Y ALISON ZARRELLA

Todos los nombres propios de programas, sistemas operativos, equipos hardware, etc. que aparecen en este libro son marcas registradas de sus respectivas compañías u organizaciones.

Reservados todos los derechos. El contenido de esta obra está protegido por la Ley, que establece penas de prisión y/o multas, además de las correspondientes indemnizaciones por daños y perjuicios, para quienes reprodujeren, plagiaren, distribuyeren o comunicaren públicamente, en todo o en parte, una obra literaria, artística o científica, o su transformación, interpretación o ejecución artística fijada en cualquier tipo de soporte o comunicada a través de cualquier medio, sin la preceptiva autorización.

Authorized translation from English language edition published by O'Reilly Media Inc.
Copyright © 2011 by Dan Zarrella and Alison Zarrella.
All rights reserved.

Edición española:

© EDICIONES ANAYA MULTIMEDIA (GRUPO ANAYA, S.A.), 2011
   Juan Ignacio Luca de Tena, 15. 28027 Madrid
   Depósito legal: M. 19.516-2011
   ISBN: 978-84-415-2951-9
   Printed in Spain
   Impreso en: Lavel, S. A.

*A mi madre, que me enseñó que los sueños pueden
hacerse realidad si te esfuerzas lo suficiente.
Te quiero, mamá, y te gustará saber que por fin me he dado
cuenta del valor de todas aquellas "palabras del día".*

—Dan

*A mi madre, que reconoció mi gran amor por los libros desde
muy pequeña y siempre estaba dispuesta a escuchar mis historias.
Te quiero, mamá (aunque todavía no sepas cómo
cargar una fotografía en Facebook).*

—Alison

# AGRADECIMIENTOS

Muchas gracias a nuestras madres y a nuestras hermanas pequeñas, Barbara y Jenn. Gracias también a BJ, a la abuela y al abuelo, a nana y a papá, a Terri y a Joe Devito y al resto de nuestra familia. Este libro es un trabajo realizado con amor y todos habéis ayudado a vuestra manera.

De Dan: Gracias a todo el equipo de Hubspot, en especial a David Gallant, Brian Whalley, Kyle James, Kyle Paice, Kipp Bodnar, Yoav Shapiro, Mike Volpe, Jeanne Hopkins, Brian Halligan y Dharmesh Shah. Gracias también a Mari Smith, Guy Kawasaki, Brett Tabke y Nancy Duarte por su conocimiento profesional.

De Alison: Gracias a mis amigos, tanto en Facebook como en la vida real: Lindsay White, Kristin Burnham, Ashley Cannon, Laura Seddon, Erica Pritchard, Debbie Keene, Stephanie Piotrowski, Jacky Fontanella, Marla Napurano, Treasa Law, Courtney Livingston, Judiann McNiff, Dylcia Morell, David Abend, Tina Morelli, Steve Bonda, Tom Moran, Andre Docarmo y Fabricio Blasius. Gracias a Brett Tabke y a todo el equipo de Webmaster World por dejarme hablar sobre Facebook con todo aquél que quisiera escucharme. Y gracias a todos mis compañeros de Zipsters, que me ayudan a hacer lo que me gusta todos los días, en especial a Mandy Donovan Drake, Bob Burns, Stephanie Shore y Rob Weisberg.

# SOBRE LOS AUTORES

**Dan Zarrella** es experto en medios sociales y trabaja en HubSpot; ha escrito mucho y en profundidad sobre el marketing viral, la ciencia memética y los medios sociales para varios *blogs* muy conocidos de la industria. Su trabajo ha aparecido en medios de comunicación como CNN International, *Wall Street Journal* y *New York Times*.

**Alison Zarrella** es una redactora interactiva y directora de medios sociales en Zipcar. Ha realizado trabajos de marketing y estrategias de contenido con Facebook para varios clientes, desde pequeñas empresas locales hasta marcas internacionales. Ha escrito para *blogs* de la industria como Mashable y ha sido invitada a muchos medios de comunicación y conferencias como experta en medios sociales y Facebook.

# Índice de contenidos

## Capítulo 3. Nociones básicas sobre las páginas de Facebook · 43

## Capítulo 4. Nociones básicas sobre los grupos de Facebook · 67

CAPÍTULO 5.    **Eventos de Facebook**                                      **85**

CAPÍTULO 6.    **Nociones básicas sobre las aplicaciones
de Facebook**                                      **99**

## CAPÍTULO 10. Gestión de páginas de Facebook    161

## CAPÍTULO 11. Publicidad en Facebook    177

# 1. Introducción a las redes sociales

En la actualidad, Facebook cuenta con más de 500 millones de usuarios activos (véase la figura 1.1). Si se tratara de un país, Facebook sería la tercera nación más grande del mundo por detrás de China y de la India. La mitad de esos "ciudadanos" lo utiliza todos los días, es decir, hay 250 millones de personas que utilizan Facebook diariamente.

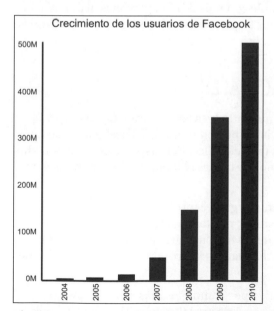

**Figura 1.1.** El número de usuarios activos en Facebook ha crecido enormemente durante los últimos seis años.

## ¿QUIÉN UTILIZA FACEBOOK?

Al principio, Facebook era una red para estudiantes de universidades de prestigio en Estados Unidos, que se amplió primero a la enseñanza secundaria y después a redes más grandes, reuniendo a estudiantes y compañeros de trabajo en todo el país y, al final, en todo el mundo.

Ahora no sólo se puede identificar a su pareja y a un círculo de amigos cada vez mayor, también puede identificar a padres y hermanos. Su madre está en Facebook, su hermana y su hija también. Su compañero de habitación, su primer amor y su mejor amigo de la infancia con el que hace años que no habla. Incluso sus abuelos pueden etiquetarle en fotografías familiares de las que ya había olvidado su existencia. El 70 por 100 de los usuarios de Facebook no reside en Estados Unidos. ¿El segmento de usuarios que crece más rápido? Las mujeres de entre 55 y 65 años.

Dependiendo de cómo se calcule, Facebook ha sobrepasado ya a Google en niveles de tráfico (o está a punto de hacerlo). La plataforma de aplicaciones de Facebook es utilizada por más de un millón de desarrolladores, que construyen más de 500.000 aplicaciones activas.

Si intenta identificar al usuario "medio" verá que la mayoría de los usuarios no lo son. Por regla general, un usuario de Facebook tiene 130 amigos, está conectado a 80 páginas, grupos y eventos y ha creado 90 publicaciones de contenido. ¿Dónde más puede encontrar a alguien que hable con más de cien personas al día? Y eso sin tener en cuenta a los "superusuarios" o personas influyentes que tienen miles de amigos.

## IMPACTO EN LOS MEDIOS ACTUALES

La tirada de los periódicos está disminuyendo (véase la figura 1.2) y la mayoría de los anuncios que aparecen en televisión no son rentables. Facebook tiene un público mucho mayor que los medios tradicionales. Este aspecto por sí mismo ha sido suficiente para convencer a algunos de que es el lugar perfecto para probar un nuevo plan de marketing.

Si necesita más razones, tenga en cuenta la gran cantidad de información personal que los usuarios aportan al sitio y, por tanto, a los anunciantes. Facebook proporciona a las marcas nuevas formas para que los anuncios sean más efectivos. ¿Lo mejor? Toda esta información la proporcionan los usuarios de forma voluntaria.

En muchos casos se opta de forma activa por campañas más específicas: anuncios en los que se puede hacer clic en "Me gusta" o permitir que Facebook comparta sus datos con sitios y socios externos.

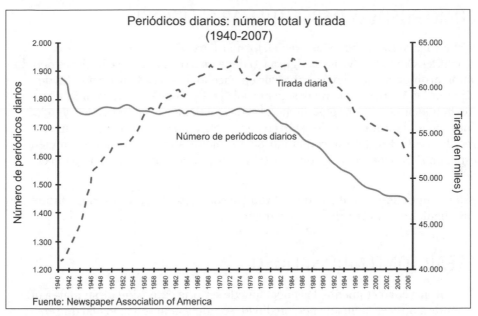

**Figura 1.2.** El número de periódicos diarios publicados en los Estados Unidos está disminuyendo, así como su tirada.

## GRANDES MARCAS EN FACEBOOK

Las marcas más importantes y conocidas están aprovechando Facebook al máximo para construir comunidades atractivas y rentables. Coca-Cola tiene más de 22 millones de seguidores en su página, mientras que Starbucks está cerca de los 20 millones. La marca Vitamin Water puso en marcha un concurso en Facebook, con mucho éxito, para elegir el sabor, diseño del envase y nombre de su nueva bebida. La compañía tiene en la actualidad más de dos millones de seguidores.

Ikea anunció la apertura de una nueva tienda enviando fotografías de sus productos a Facebook. Pero la cosa no terminó ahí: cada artículo que aparecía en las fotografías sería entregado de forma gratuita al primer usuario que lo etiquetara con su nombre. En unas horas miles de personas se apresuraban a etiquetar las imágenes. El fabricante de software Adobe se centró en estudiantes universitarios con su juego Photoshopped or Not, que preguntaba a los usuarios si se había manipulado una imagen. El 6 por 100 de los estudiantes que vieron el juego hicieron clic en un botón para comprar. Para promocionar el lanzamiento de una película de vampiros, Sony cambió el nombre a la conocida aplicación Vampires y puso en marcha un sorteo. En tres semanas tuvo más de 59.000 publicaciones.

## CÓMO PUEDE (Y DEBE) UTILIZAR FACEBOOK

Incluso las marcas pequeñas pueden formar parte de Facebook. La marca
Sprinkles Cupcakes (véase la figura 1.3) tiene más de 200.000 seguidores debido
a una promoción que llevó a cabo sólo en Facebook. La cadena de hoteles de
lujo Joie De Vivre ofreció un descuento sólo en Facebook y reservó más de
mil habitaciones. Todos sus clientes, los que ya tiene y los potenciales, y todos
sus amigos y familia no sólo están en Facebook, sino que también entran con
regularidad y les atrae su contenido. Seguramente sus competidores también
están en Facebook. Si usted no está, tiene que ponerse al día para no parecer
desfasado.

Si sus competidores todavía no utilizan Facebook ganará puntos importantes con
sus clientes al ser el primero en estar ahí.

## CREAR CONTENIDO VALIOSO

Si se utiliza correctamente, Facebook puede ser una extensión de su marca que
le ayude a ofrecer la misma personalidad, sonido y apariencia visual que en
cualquier otro medio.

Tómese su tiempo para pensar por qué usted y su marca quieren unirse a
Facebook y qué espera conseguir al hacerlo. Pero no se detenga ahí. Piense en su
público, especialmente en el segmento al que quiere dirigirse.

Facebook es un canal altamente competitivo y que se mueve muy rápido. Cada
publicación de contenido que se escriba tiene que ser rápidamente digerible
y fácilmente reconocible en cualquier proveedor de noticias. Por encima de
todo, tiene que adaptarse al modelo no oficial de publicaciones de Facebook. No
copie y pegue contenido desde su sitio Web o desde el correo electrónico. Cada
publicación debe ser específica para su página de Facebook. Que sea breve y
concreta. Añada elementos para hacerla atractiva y que quede claro qué acción
quiere que realicen los usuarios.

El marketing en Facebook puede ser sorprendentemente barato, especialmente
si lo comparamos con los medios tradicionales y alternativos, pero es necesario
realizar una inversión significativa de tiempo. Los usuarios de Facebook esperan
que escuche sus peticiones (y que actúe en consecuencia, no sirve sólo con decir
"le escuchamos").

Quieren contenido interesante y actualizado de forma regular y ofertas
exclusivas por ser su "amigo".

Facebook ofrece varias herramientas y plataformas para llegar a los usuarios.
Los vendedores pueden utilizar anuncios, aplicaciones, páginas o eventos de
Facebook.

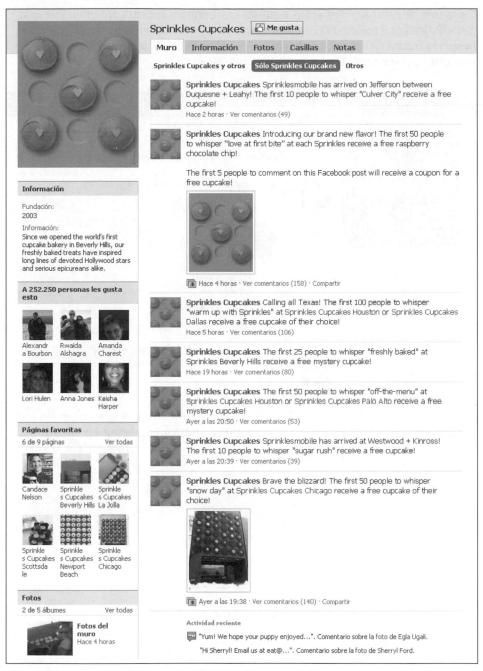

**Figura 1.3.** Sprinkles Cupcakes es un buen ejemplo de una empresa pequeña que aprovecha Facebook para mejorar su marketing.

Cada una de estas herramientas también contiene un sistema analítico llamado Estadísticas que informa fácilmente sobre niveles de actividad y demográficos (véase la figura 1.4). Este libro le guiará por todos ellos y por muchos más para ayudarle a crear campañas efectivas y rentables.

**Figura 1.4.** Incluso el propio Facebook tiene su propia página en Facebook.

# 2. Nociones básicas sobre el perfil de Facebook

Un perfil es la representación digital de un usuario de Facebook. Los perfiles suelen ser motivo de orgullo para los usuarios habituales, una extensión de su personalidad: son una forma de compartir cosas con un grupo amplio y muy unido de conocidos. Para los vendedores, el perfil es donde empieza todo.

Para poder llegar hasta estas personas y atraerlas, tiene que saber qué hacen y qué les gusta. Recuerde que los usuarios de Facebook más valiosos son los que aportan mucha información y tienen muchos contactos. El usuario medio tiene 130 amigos; piense en el potencial de estos superusuarios. El mantenimiento del perfil requiere tiempo y energía para que sea algo nuevo, personal y relevante para los amigos (y, por supuesto, para vendedores como usted).

En total, los usuarios de Facebook le dedican al mes más de setenta mil millones de minutos. Hay que saber valorar la dedicación y la franqueza necesarias para crear un perfil completo, porque los propietarios de esos perfiles serán los que dediquen algunos de esos valiosos minutos a ayudarle con sus ventas. La mejor forma de entender y valorar a estos usuarios de Facebook y a sus perfiles es crear su propio perfil.

## ¿QUÉ ES UN PERFIL DE FACEBOOK?

Un perfil de Facebook es la forma en la que los usuarios individuales se representan a sí mismos en el sitio Web (véase la figura 2.1). Suele contener información sobre intereses, aficiones, educación y trabajo, así como las fotografías del usuario.

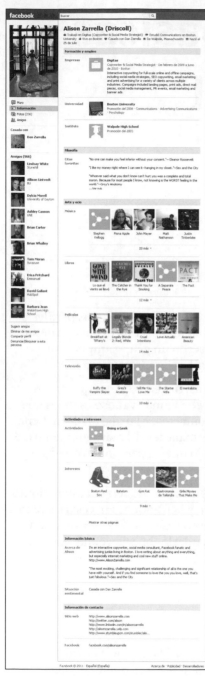

**Figura 2.1.** Puede ver mucha información en el perfil
de un usuario de Facebook.

También está conectado con las páginas de Facebook que le gustan, desde equipos de fútbol hasta marcas de bebida, y con el resto de usuarios que tiene como amigos.

Muchos usuarios son bastante abiertos con su información de perfil y Facebook así lo recomienda. Se trata de un sitio Web gratuito, por lo que su única opción para generar ingresos es cobrar a los vendedores por utilizar los datos personales que comparten sus usuarios; cuantos más datos proporcionen los usuarios libremente, más ventajas potenciales para el sitio Web. Algunos usuarios han expresado su preocupación por los problemas de privacidad, en particular los relacionados con la presencia cada vez mayor de información "pública".

La configuración de privacidad ha mejorado y permite a muchos usuarios personalizar su información y que sólo la vean sus amigos, pero la mayoría de los usuarios, especialmente las generaciones más jóvenes, quieren compartir todos los detalles de su vida. Entienden que esto significa un sitio Web más personalizado, algo que aprecian, y disfrutan conectándose con las marcas que conocen y que les gustan.

## PERFILES DE FACEBOOK PARA LAS EMPRESAS

La intención original de Facebook era ser una red social para estudiantes universitarios; por eso, era necesaria una dirección de correo electrónico ".edu" para poder registrarse. Más adelante, la red se amplió a los estudiantes de secundaria y, por último, a gente de todas las edades. Sin embargo, para ser fiel a sus orígenes de servicio conectado con las personas, Facebook siempre ha mantenido algunas reglas para marcas y empresas.

Una de las reglas que resulta frustrante para los vendedores es la distinción que hace Facebook entre los tipos de usuarios y cómo se aplica esa distinción a los perfiles. Si usted representa a una marca o entidad que no sea un usuario individual, las condiciones de Facebook establecen que tiene que configurar una página para representar a esa marca, empresa o persona pública. Eso incluye a políticos, deportistas y otras celebridades; aunque sean personas individuales necesitan una página para sus facetas públicas. Estas páginas ofrecen opciones específicas para las empresas, como el horario comercial, y dejan fuera detalles más personales como las aficiones y los intereses.

Aun así, los perfiles de Facebook son el pilar fundamental del sitio y tendrá que configurar uno antes de poder hacer otra cosa, como crear una página de cualquier tipo (véase la figura 2.2).

Los perfiles, y la gente a la que representan, están enlazados con las acciones de Facebook para que todo el mundo esté informado de cada interacción y contenido nuevo que aparezca en el sitio Web.

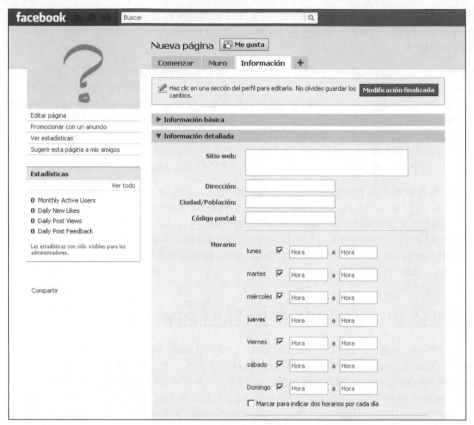

**Figura 2.2.** El principio de un perfil básico de Facebook. Necesitará uno para gestionar las campañas de marketing en su página de Facebook.

# ELEMENTOS QUE FORMAN EL PERFIL DE FACEBOOK

El perfil actual de Facebook (cuya versión apareció en diciembre de 2010) tiene cuatro elementos principales (en la versión anterior estos elementos estaban organizados en pestañas en la parte superior de la página y actualmente aparecen a la izquierda, debajo de la imagen de perfil): Muro, Información, Fotos y Amigos (véase la figura 2.3).

## Muro

Muro es la página de entrada al perfil de Facebook. Aquí es donde la gente puede publicar sus mensajes o sus comentarios sobre las entradas (como en un *blog*). En esta sección puede actualizar su estado y ver actualizaciones de estado anteriores.

**Figura 2.3.** Un perfil básico de Facebook tiene cuatro elementos: Muro, Información, Fotos y Amigos.

## Información

En Información aparece toda la información personal: gustos, intereses, lugar de trabajo, ciudad natal, dirección de correo electrónico, etc. A diferencia del muro, aquí no hay muchas oportunidades para que los usuarios interactúen. Aunque esta sección es sin duda la más beneficiosa y rica en información para los vendedores de Facebook, seguramente es el lugar menos interesante para el usuario medio.

## Fotos

Fotos ha sido un elemento básico en Facebook desde hace mucho tiempo. Aquí se alojan todas las fotografías que haya cargado o en las que haya sido etiquetado. Cada etiqueta crea un enlace con el perfil de ese usuario. Tenga en cuenta que en una fotografía sólo puede etiquetarse gente y, por tanto, perfiles, no marcas comerciales ni páginas.

## Amigos

En Amigos aparecen todos los usuarios de Facebook que haya identificado como sus amigos.

# CONFIGURAR UN PERFIL DE FACEBOOK

Además de necesitar un perfil mínimo para poder configurar cualquier estrategia de marketing en Facebook, también puede utilizar el perfil para probar distintas aplicaciones y características de Facebook. Crear su propio perfil le ayudará a entender los perfiles desde la perspectiva del usuario. Tiene que saber qué ven, qué hacen, qué les gusta o qué no les gusta a los usuarios para saber qué funciona (o no) en el mundo del marketing de Facebook.

## Formación y empleo

Cuando Facebook cambió su centro de atención a una base de usuarios mucho más diversa (no sólo a estudiantes universitarios), la sección Formación y empleo se amplió para albergar estos cambios.

Los menús desplegables y de tipo predictivo permiten a los usuarios introducir tantos centros educativos como sea necesario (desde la escuela secundaria) y especificar asignaturas en universidades o facultades (véase la figura 2.4). Facebook utiliza esta información para buscar páginas de alumnos relevantes dentro del sitio Web.

Los usuarios también pueden introducir su experiencia laboral de la misma forma, añadiendo trabajos en orden cronológico inverso mientras que Facebook intenta emparejar las empresas en las que ha trabajado con páginas existentes.

Todos estos campos tienen la forma de un menú desplegable, excepto la casilla Descripción, en la que los usuarios pueden escribir lo más destacado de su trabajo o la finalidad de la empresa.

Aunque el tema de la formación y el empleo puede tener poco interés para muchas marcas minoristas, esta sección puede ser especialmente útil si va a utilizar Facebook para contratar nuevos empleados. Cada vez más gente busca en Facebook una forma de encontrar empleados, por lo que la importancia y la funcionalidad de esta sección pueden aumentar.

## Filosofía

La siguiente sección del perfil de Facebook (véase la figura 2.5) necesita un poco más de meditación.

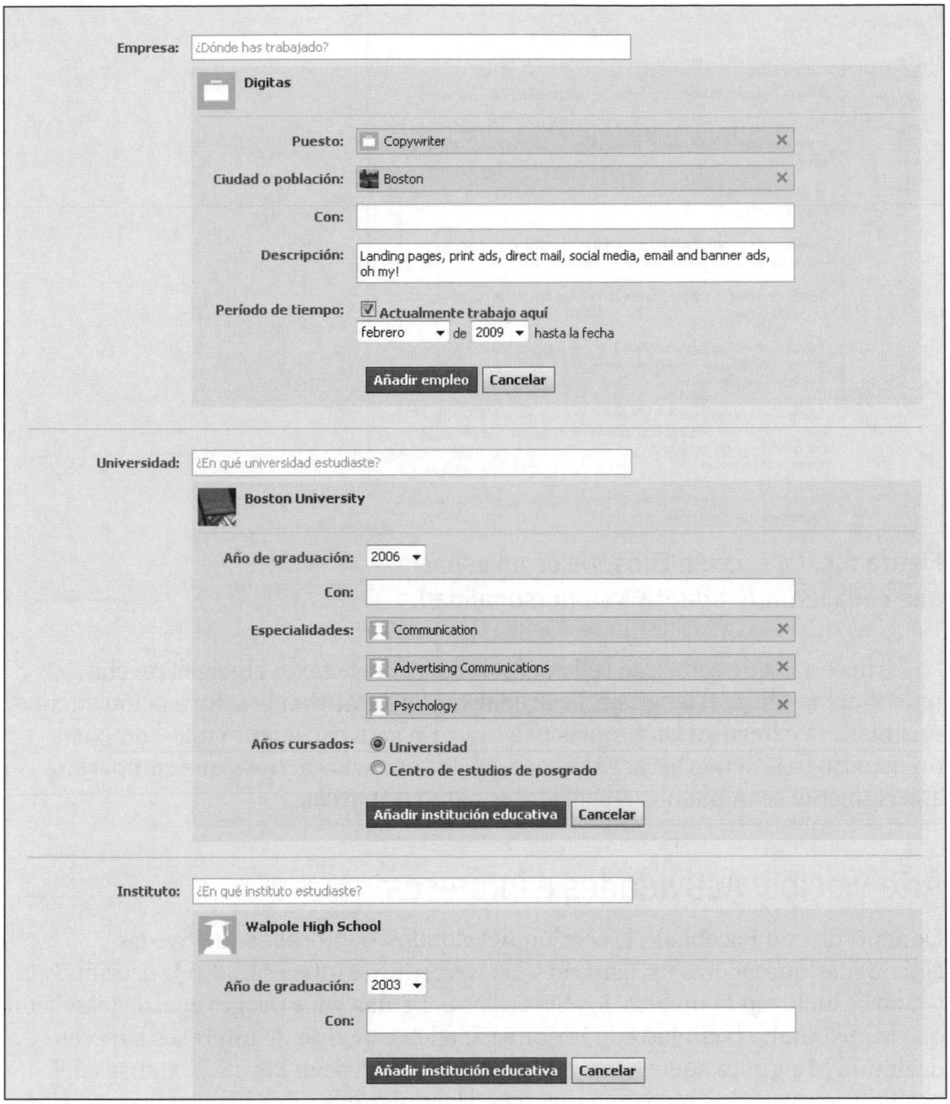

**Empresa:** ¿Dónde has trabajado?

Digitas

**Puesto:** Copywriter ✕

**Ciudad o población:** Boston ✕

**Con:**

**Descripción:** Landing pages, print ads, direct mail, social media, email and banner ads, oh my!

**Período de tiempo:** ☑ Actualmente trabajo aquí
febrero ▼ de 2009 ▼ hasta la fecha

Añadir empleo   Cancelar

**Universidad:** ¿En qué universidad estudiaste?

Boston University

**Año de graduación:** 2006 ▼

**Con:**

**Especialidades:** Communication ✕

Advertising Communications ✕

Psychology ✕

**Años cursados:** ⦿ Universidad
○ Centro de estudios de posgrado

Añadir institución educativa   Cancelar

**Instituto:** ¿En qué instituto estudiaste?

Walpole High School

**Año de graduación:** 2003 ▼

**Con:**

Añadir institución educativa   Cancelar

**Figura 2.4.** La sección Formación y empleo puede utilizarse para crear redes y aportar pistas sobre los posibles intereses del usuario.

Los usuarios han adaptado la sección Filosofía a distintos propósitos: algunos usuarios siguen una propuesta sencilla y escriben frases breves sobre ellos mismos y, a continuación, letras de canciones o citas de películas; otros utilizan ese espacio para bromas de grupo, mientras que otros lo tratan como un espacio para escribir una especie de currículum vitae.

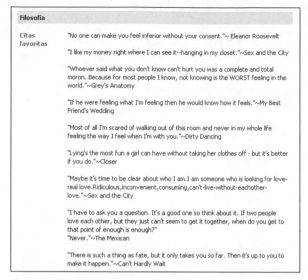

**Figura 2.5.** La sección Filosofía es un espacio que cada usuario adapta a su personalidad.

La forma en la que cada uno rellena estos cuadros de texto abiertos revela mucho sobre ellos: el lenguaje, la gramática y el detalle en la información cuenta una historia externa a las propias palabras. En general, cuanto más comparta un usuario más activo será. Esto hace que los usuarios activos que comparten abiertamente sean buenos embajadores para las marcas.

## Arte y ocio y Actividades e intereses

De acuerdo con Facebook, la sección Actividades e intereses incluye las actividades que realiza un usuario y las cosas que le interesan. En la sección Arte y ocio se incluyen la música, los libros, las películas y los programas de televisión que le gustan. La facilidad con la que se añaden este tipo de intereses a través del botón **Me gusta** suele hacer que estas secciones sean las más extensas del perfil de un usuario (véase la figura 2.6). Hace algunos años los usuarios podían escribir lo que les gustaba y lo que no en un formato libre mediante un cuadro de texto. Debido a la reciente propuesta de Facebook para conectar perfiles y páginas, los usuarios indican ahora sus preferencias mediante el botón **Me gusta** y las listas de enlaces: sólo con hacer clic en el botón **Me gusta** en una página se crea un enlace con el perfil del usuario. Cada página describe entonces ese interés y aparece una lista de los usuarios que comparten esa película, programa u otro interés favorito. Todavía no se ha determinado si este cambio hacia una conectividad máxima favorece o perjudica a Facebook, al usuario medio, a los administradores de páginas y a los vendedores.

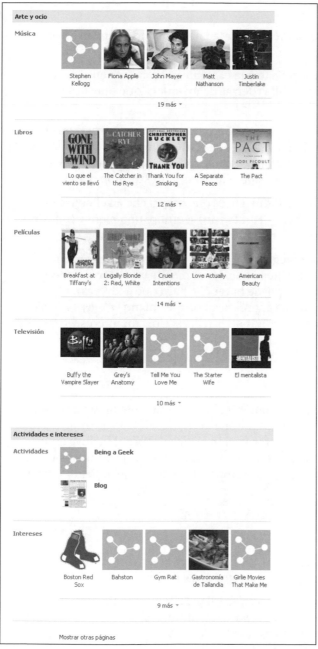

**Figura 2.6.** Las secciones Arte y ocio y Actividades e intereses aparecen ahora en forma de enlaces con las páginas relevantes de Facebook, que conectan perfiles personales con marcas.

## Páginas

Sin embargo, este cambio hacia la conectividad ha tenido impacto en otros aspectos del perfil.

Las páginas que antes aparecían de forma bastante prominente en el perfil de un usuario aparecen ahora ocultas detrás de un enlace que muestra más páginas.

Cuando los usuarios eran "fan" de una página, esas páginas disfrutaban el privilegio de ser la única sección del perfil que contenían imágenes. Ahora que la sección de intereses está enlazada con páginas, las páginas que gustan pero no se añaden a la sección de intereses han sido relegadas a un segundo plano.

Facebook argumenta que pedir a los usuarios que hagan clic en el botón **Me gusta** (que ha reemplazado al botón **Hazte fan**) requiere una menor conexión con el tema de la página y aumenta la interacción con el sitio Web.

Aunque con esta nueva terminología los usuarios pueden terminar con muchas más páginas que les gustan, para que una página resalte en el perfil es necesario un nivel de dedicación mayor. Sí, puede hacer clic para que aparezcan otras páginas, pero para que una página aparezca en primer plano es necesario cierto compromiso: el usuario tiene que editar su perfil, escribir un interés y después conectarse a una página.

# Información básica

Un usuario tiene que introducir un nombre, fecha de nacimiento y dirección de correo electrónico para poder registrarse en Facebook; el resto de información es opcional o puede ocultarse. La información básica del perfil incluye aquélla que puede rellenarse de forma casi mecánica: sexo, fecha de nacimiento, ciudad natal, etc. Aunque son obligatorios, los campos de fecha de nacimiento y sexo pueden ocultarse.

# Información de contacto

Por último, seguramente no menos importante para la mayoría de los vendedores, está la información de contacto (véase la figura 2.7).

Algunos usuarios encuentran esta sección útil para buscar viejos amigos y ponerse en contacto con ellos o para llevar las comunicaciones en Facebook de una forma más privada, pero como vendedor debería limitar sus comunicaciones al sitio Web.

Aun así, es útil saber cómo funciona la sección de perfil y lo que puede añadir a él depende del nivel de accesibilidad que quiera para su público.

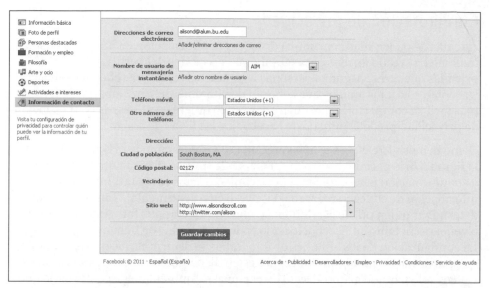

**Figura 2.7.** La mayoría de los usuarios son abiertos con toda su información excepto con la información de contacto. No utilice Facebook como una forma para obtener direcciones de correo electrónico; céntrese en el marketing en Facebook, donde sabe que se encuentra su audiencia de destino.

Primero, aparece la dirección de correo electrónico, que es necesaria para registrarse. Los usuarios también pueden añadir un nombre de usuario de mensajería instantánea, números de móvil y fijos, una dirección postal y enlaces con otros sitios Web personales que puedan interesar a sus amigos, como un *blog*, una cuenta de Twitter o un perfil de LinkedIn. A excepción de la dirección de correo electrónico, ninguno de los campos es obligatorio. La cantidad de información visible para el público varía dependiendo de las personas pero, en general, a los usuarios más jóvenes les gusta compartir sus nombres de usuario de mensajería instantánea y los números de teléfono, mientras que los miembros de más edad prefieren no hacerlo.

Los controles de privacidad de esta sección son mejores que los de otras secciones. Los usuarios pueden controlar quién puede ver cada parte de la información, configurar ajustes desde Todos (la opción más pública) a Personalizar, que permite a los usuarios especificar sólo unos pocos amigos o miembros de una determinada lista de amigos. Por ejemplo, puede decidir que todo el mundo vea su dirección de correo electrónico, pero que sólo los amigos de la universidad y del trabajo pueden ver su dirección física y que sólo unos pocos amigos del trabajo tengan acceso al nombre de usuario de mensajería instantánea. Esta configuración de privacidad hace que sea posible completar el perfil y después adaptar su apariencia a los individuos o a grupos de amigos.

## Configuración de privacidad

Además de poder añadir y compartir toda esta información en línea, Facebook también ha creado formas para que algunas secciones del perfil sean más privadas que otras. Algunas personas levantan barreras que reflejan la vida real y aceptan sólo a los amigos que conocen personalmente. Sin embargo, la forma más fácil de compartir lo que quiere con quien quiere es utilizar la configuración de privacidad predeterminada de Facebook y las listas de amigos.

Como hemos visto en la sección anterior, la configuración de privacidad (véase la figura 2.8) le permite controlar quién puede ver su información de contacto y su información personal: fecha de nacimiento, citas favoritas, intereses, información de educación y trabajo y su relación sentimental. También puede determinar quién puede escribir en su muro, etiquetar sus fotografías o vídeos o ver el perfil tanto en Facebook como en los resultados de búsqueda públicos. La configuración de los álbumes de fotografías se determina caso a caso, por lo que puede hacer que algunos álbumes estén disponibles para todos sus amigos y otros sólo para un grupo selecto de personas. También puede controlar lo que comparte con los sitios Web externos y lo que sus amigos pueden compartir sobre usted.

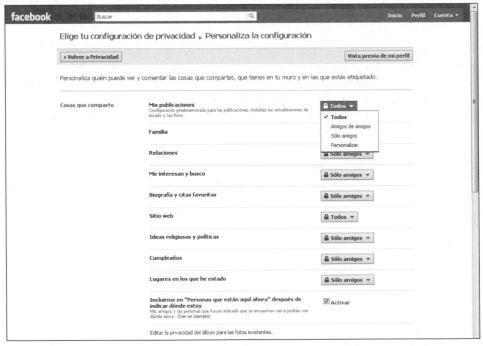

**Figura 2.8.** La configuración de privacidad se utiliza para mostrar más información a los amigos más cercanos y menos a Internet en general.

La configuración de privacidad también le permite ver qué aplicaciones se están utilizando en su perfil, configurar los ajustes de estas aplicaciones y bloquear o eliminar viejas aplicaciones que ya no quiere o no utiliza. Para los vendedores, cuanto más abierta sea la configuración de privacidad de una persona más datos puede obtener o utilizar para sus campañas.

## Listas de amigos y grupos

Para que la configuración de privacidad sea más fácil, puede clasificar a sus amigos en grupos o listas (véase la figura 2.9) y ajustar la configuración para cada grupo. Por ejemplo, puede crear una lista para los colegas del trabajo y permitirles acceso total a su información personal, pero limitar su acceso a algunos álbumes de fotografías.

Tenga en cuenta que la configuración de un amigo viene determinada por la lista más restrictiva a la que pertenezca. Es decir, si tiene un amigo cercano con el que también trabaja y quiere que vea la configuración más abierta de su perfil, no lo incluya con otros compañeros de trabajo.

**Figura 2.9.** La clasificación de amigos en listas o grupos ayuda a los usuarios a organizarse y a ajustar la configuración de privacidad de una forma más eficaz.

También puede crear excepciones a la configuración para evitar que algunas personas (puede que algún antiguo novio o novia) puedan ver determinadas partes de su perfil. Sólo tiene que seleccionar la opción Personalizar en Elige tu configuración de privacidad y seleccionar los elementos que quiere ocultar a determinados amigos. Escriba el nombre del amigo y haga clic en **Guardar** para que esa información sea privada. Pero, si de verdad no quiere ser molestado por alguien en concreto ni que le encuentre, puede añadirlo a la lista de personas bloqueadas. Sólo tiene que desplazarse hasta la parte inferior de la columna izquierda del perfil y hacer clic en Denunciar/bloquear a esta persona.

## Aplicaciones para el perfil

Facebook ofrece gran cantidad de aplicaciones que pueden resultar útiles a los vendedores, ya que proporcionan un vehículo natural para ampliar su conciencia de marca. Algunas aplicaciones están diseñadas por Facebook y tienen una utilidad más práctica, como Fotos o Notas. Otras están más relacionadas con la diversión, como la aplicación de Coca-Cola Zero para encontrar a su doble, Facial Profile, y FarmVille de Zynga.

Cualquiera puede crear una aplicación de Facebook, lo que significa que puede encontrar muchas aplicaciones útiles y mucha diversión; sin embargo, esto también significa que hay muchas aplicaciones abandonadas que nunca llegaron a funcionar bien.

La mayoría de las aplicaciones son seguras y pueden añadirse al perfil o a una página. Sin embargo, debería realizar un pequeño trabajo de investigación antes de añadir aplicaciones de desarrolladores menos conocidos. Revise los *ranking* de clasificación y las conversaciones de los usuarios en el directorio de aplicaciones (véase la figura 2.10) para asegurarse de que el desarrollador todavía se ocupa del mantenimiento de la aplicación. También puede ver cuántos usuarios activos tiene una aplicación, las últimas novedades o las aplicaciones más populares.

Una vez que haya encontrado una aplicación que le guste, haga clic para añadirla a su perfil o a su página, dependiendo del uso y del tipo de aplicación. Algunas son estrictamente para ser utilizadas en el perfil, como los juegos, mientras que otras aplicaciones son más prácticas, como la pestaña personalizada de FBML estático, que también puede utilizarse para las páginas.

Facebook está eliminando de forma gradual la pestaña Casillas de los perfiles y las páginas, por lo que las aplicaciones aparecen en su propia pestaña, como la pestaña personalizada de FBML estático, o como una función del perfil, como el actualizador de estado de Twitter.

Facebook mantiene un control estricto sobre cómo y dónde aparecen estos elementos y los desarrolladores limitan aún más algunas aplicaciones para que tengan una visualización óptima.

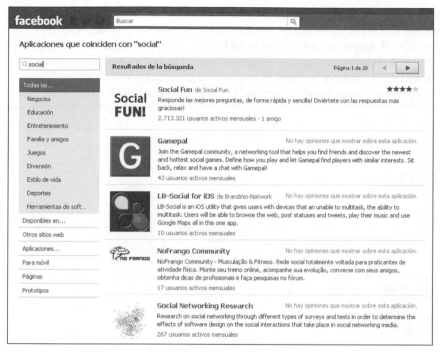

**Figura 2.10.** Las aplicaciones personalizan la apariencia del perfil de Facebook. Crear una aplicación puede ser una buena forma para promocionar su marca o su empresa.

# INTERACCIONES CON EL PERFIL

Existen muchas formas en las que un usuario de Facebook puede interactuar con su marca, desde una página hasta una aplicación o anuncio personalizados. Sin embargo, la interacción entre usuarios es, en realidad, un poco más limitada, a pesar de su clasificación como una red social.

Las amistades de Facebook son conexiones de dos vías, es decir, un usuario tiene que solicitar ser amigo de otro y esperar su aprobación antes de poder hablar o interactuar de una forma significativa. Una vez que esa conexión se ha establecido, los usuarios pueden utilizar el chat de Facebook y su sistema de mensajería privado (que funciona de forma similar al correo electrónico). Sin embargo, el medio de comunicación favorito para los usuarios habituales es escribir en el muro (véase la figura 2.11).

Facebook es un sitio Web que se basa en las conexiones, pero está cambiando hacia canales de comunicación más abiertos. Los usuarios más frecuentes contribuyen a este cambio haciendo que muchos chat sean completamente

públicos. Las escrituras de muro a muro normalmente se parecen a los
intercambios de correo electrónico o de mensajes instantáneos y los comentarios
de las actualizaciones de estado, de los enlaces o de las fotografías normalmente
no van más allá de pequeñas notas. Además, cuanta más gente escriba o comente,
más gente se unirá: quieren ver qué es lo que está comentando todo el mundo
sobre una fotografía o artículo en particular y unirse a la diversión.

**Figura 2.11.** El Muro de un usuario o de una página (como en este caso)
incluye interacciones con amigos (otros perfiles), marcas que le gustan
(páginas), publicaciones (actualizaciones de estado) y la utilización
de aplicaciones.

# RESUMEN

Como puede ver, hay mucho contenido en un perfil de Facebook. La cantidad
de información que quiera mostrar y el tiempo que dedique a actualizarla y
mantenerla puede variar y dependerá en gran medida de sus objetivos y de

su utilización del perfil. Pero el perfil es el principio de todo y la parte más importante en la experiencia de usuario de Facebook, por lo que es vital que entienda cómo funciona, su apariencia y cómo se relacionan unos con otros.

No importa qué tipo de marca, producto o servicio promocione, necesita un conocimiento sólido de su público. En Facebook esto significa ir a la información básica y empezar desde el principio: el perfil.

De acuerdo con Facebook, en la actualidad existen más de 500 millones de usuarios activos y al menos la mitad de ellos lo usan a diario (véase la figura 2.12). Eso significa que puede utilizar 500 millones de perfiles para obtener datos sobre ellos. De hecho, éste es el mayor atractivo comercial de Facebook: el sitio Web anima de forma activa (algunos dirían que de forma agresiva) a que los usuarios rellenen sus perfiles con el tipo de información que necesitan los vendedores y todo ello de forma gratuita.

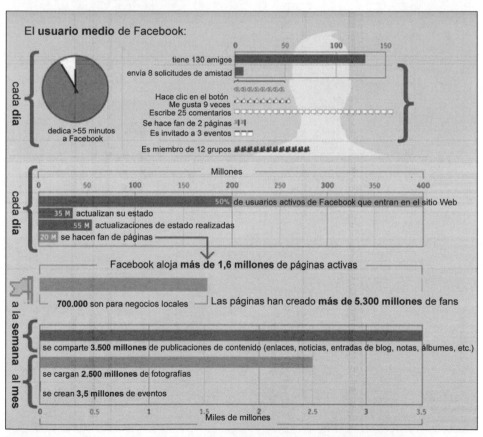

**Figura 2.12.** Eche un vistazo a este gráfico sobre el usuario medio de Facebook (infografía de Muhammad Saleem para Mashable.com).

# 3. Nociones básicas sobre las páginas de Facebook

Las páginas de Facebook son clave para la mayoría de estrategias de marketing que se llevan a cabo en los medios sociales y seguramente será el punto central de la mayoría de sus esfuerzos y promociones.

Twitter está bien para actualizaciones rápidas, pero para tener una visión global los usuarios tienen que hacer clic en otros sitios Web.

Una página de Facebook le proporciona ambas cosas en un solo lugar, a la vez que ofrece también una personalización completa y gran variedad de interacciones.

Muchas marcas utilizan las pestañas de Facebook en lugar de las páginas de entrada de sus sitios Web porque las pestañas tienen una funcionalidad social incorporada, son fáciles de actualizar y son especialmente útiles para realizar concursos y promociones. Aunque tenga previsto ofrecer regalos a través de estas pestañas, debería invertir una cantidad de tiempo considerable en la personalización de la página.

Construya su página para triunfar desde el principio llenándola con mucho contenido optimizado y desarrollando una estrategia de contenido para mantenerla al día. Dedique el tiempo que pueda a actualizar y mantener la página; la cantidad de tiempo dependerá de sus objetivos y del uso que haga de la página. Si rellena la página por completo y la hace interesante y atractiva desde el principio es más fácil tener tiempo libre en el futuro.

Como hemos visto en el capítulo 2, Facebook tiene reglas estrictas sobre quién puede tener un perfil. En los primeros años, Facebook era un sitio cerrado, accesible sólo a los estudiantes universitarios; cada usuario era una persona individual y tenía un perfil único.

Cuando el sitio se abrió al público general, las marcas vieron rápidamente la posibilidad de llegar a la gente de una forma nueva. En ese momento, Facebook no preveía una participación elevada de las marcas y la única opción real de marketing en el sitio Web era la plataforma de anuncios. Por eso, los vendedores utilizaron la única opción disponible en ese momento: los perfiles personales.

Esto funcionó bien durante algún tiempo, ya que las marcas locales y pequeñas lograron evitar el radar. Pero mantener un perfil personal para una entidad no humana es difícil: las posibilidades son mínimas a no ser que se trate de una mascota o de un portavoz. ¿Cuál sería la película favorita del logotipo de Nike?

Cuando Facebook se dio cuenta de que las marcas se hacían pasar por personas creó un lugar para ellas (véase la figura 3.1) en lugar de echarlas por no cumplir sus condiciones. Estas condiciones establecen que:

▶ No se aportará información personal falsa en Facebook ni se creará una cuenta para otra persona sin su permiso.

▶ No se creará más de un perfil personal.

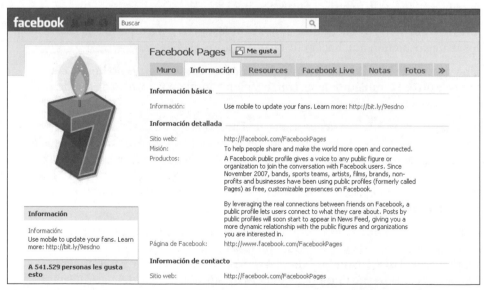

**Figura 3.1.** La página oficial de Facebook sobre las páginas de Facebook incluye consejos para los administradores de las páginas.

Antes de que el sitio introdujera las páginas, las condiciones de Facebook también especificaban que sólo las personas reales podían crear un perfil; en teoría, crear un perfil para un perro también estaba prohibido.

## DIFERENCIA ENTRE UNA PÁGINA Y UN PERFIL

La forma más fácil de diferenciar una página y un perfil es comparar los verbos que utiliza Facebook para interactuar en el sitio: se utiliza "amigo" y no "Me gusta" (anteriormente *fan*). Uno se hace amigo de la gente con la que trabaja, con la que ha ido al colegio o con la que se ha encontrado en una fiesta. No puede ser amigo de su serie de televisión favorita, de la mascota de la universidad o de su refresco favorito.

Pero sí pueden gustarle esas cosas; eso es lo que diríamos en la vida real y la acción que realizamos en el sitio Web. Las páginas de Facebook (véase la figura 3.2) ejemplifican el tipo de cosas que pueden gustarle, pero de las que no puede ser amigo.

**Figura 3.2.** Verá gran cantidad de marcas, figuras públicas e intereses en la página Top 10 Facebook Pages (imagen de www.website-monitoring.com).

El tema de la mascota de universidad suscita una cuestión interesante. No puede ser amigo de un pollo que baila en los partidos de fútbol (aunque puede ser amigo de la persona que está dentro del disfraz); sin embargo, una mascota podría tener una personalidad definida, con citas, libros y películas favoritos, justo las cuestiones que se piden en un perfil personal. Y, por supuesto, los actores, autores y políticos tienen todos los mismos favoritos que el hombre que se sienta a su lado en el autobús, aunque también necesitan una página, por lo menos para su persona pública.

Fijarnos de nuevo en el verbo que se utiliza en el sitio Web puede ayudarnos. No vamos a ser amigos del presidente. Seguro que tiene amigos y un perfil privado para sus amigos de la vida real, pero en el público sólo puede hacer clic en el botón **Me gusta** de Facebook.

Las figuras públicas como los músicos, los actores, los políticos, los deportistas y otras personas con nombres o caras famosas tienen que crear una página para una utilización pública aunque sean, por supuesto, individuos que también podrían tener un perfil personal.

En resumen: si están pensando en realizar algún tipo de campaña de marketing en Facebook tiene que crear una página. Como puede ver en el directorio de páginas de Facebook (véase la figura 3.3), lo hacen todo tipo de marcas.

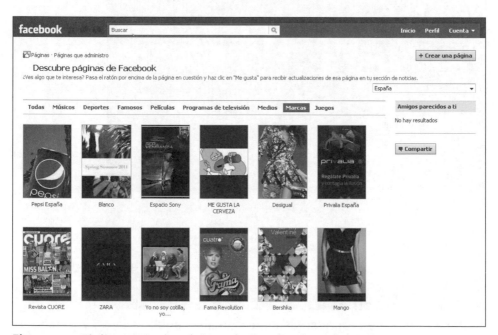

**Figura 3.3.** El directorio de páginas de Facebook nos presenta algunas de las páginas más importantes de Facebook.

# PARA QUÉ NECESITAMOS UNA PÁGINA DE FACEBOOK (Y NO UN PERFIL)

¿Todavía no tiene claro si necesita un perfil o una página? En la tabla 3.1 puede ver una clasificación sencilla de los tipos de páginas y sus utilizaciones.

**Tabla 3.1.** Una forma más sencilla de clasificar la gran cantidad de tipos y categorías de páginas que existen en Facebook.

| MARCAS | SERVICIOS | PERSONAS | PRODUCTOS |
|---|---|---|---|
| Equipos deportivos | Servicios | Políticos | Música |
| Productos | Tiendas | Funcionarios del gobierno | Lugares |
| Sin ánimo de lucro | Restaurantes | Famosos/ figuras públicas | Programas de televisión |
| Sitios Web | Bares y discotecas | | Películas |
| | Organizaciones | | Juegos |

# TIPOS DE PÁGINAS

Facebook divide las páginas en 17 categorías y muchas subcategorías; las cuatro más importantes son:

- ▶ Marcas.
- ▶ Servicios.
- ▶ Personas.
- ▶ Productos.

El proceso de configuración de la página (véase la figura 3.4) le guiará para que elija la más adecuada para sus necesidades.

Es mejor no complicarse demasiado al elegir la etiqueta que mejor defina la página, pocas personas la verán. Aparece al lado de su nombre y del número de conexiones en la página de búsqueda, pero en general los usuarios ya saben a lo que se dedica y sólo quieren buscar su página.

Una vez que hagan clic en el botón **Me gusta** de la página, la categoría elegida tiene poca importancia.

**Figura 3.4.** Encontrará este primer paso para crear una página de Facebook en http://www.facebook.com/pages/learn.php#!/pages/create.php.

La categoría no importa demasiado a la hora de configurar y mostrar la información. Las distintas categorías solicitan distinta información y muestran distinta información. Haga clic y pruebe algunas categorías durante la configuración; no puede cambiar la categoría o el nombre de la página una vez que la haya creado, así que tómese algún tiempo al principio para asegurarse de que las categorías y la visualización de la información son como quiere.

# CREAR Y PERSONALIZAR UNA PÁGINA DE FACEBOOK

Una vez que haya elegido el nombre y la categoría de la página, es hora de empezar a personalizarla y añadir o crear contenido. No es necesario publicar la página enseguida, puede mantenerla oculta mientras realiza pruebas con distintos diseños y aplicaciones.

Existen muchas opciones de personalización, desde aplicaciones de Facebook hasta aplicaciones personalizadas que puede diseñar usted mismo (véase la figura 3.5), por lo que es útil crear una estructura o diseño básico de la página antes de empezar. También debería desarrollar una estrategia de contenido y un programa de publicaciones que incluya fuentes automatizadas de sitios externos, como una fuente RSS de su *blog* o de página de Twitter, además de actualizaciones y respuestas manuales que envíe a su página en tiempo real.

En el directorio de aplicaciones de Facebook encontrará muchas aplicaciones gratuitas con las que puede empezar a personalizar su página. La página oficial de Facebook sobre las páginas (que puede encontrar en `www.facebook.com/ FacebookPages`) también ofrece muchos consejos y recursos para los administradores de páginas de Facebook (está página está en inglés).

FBML estático, Notas y Social RSS son tres aplicaciones buenas para empezar y son gratuitas. Con ellas, puede personalizar rápidamente la apariencia de su página e incluir contenido exterior, añadiéndolo a la estructura de pestañas de su página (véase la figura 3.6). Sin embargo, hay que tener en cuenta que para realizar una estrategia de páginas a largo plazo es mejor una aplicación personalizada o una personalización más exhaustiva con FBML (*Facebook Markup Language*, Lenguaje de marcas de Facebook).

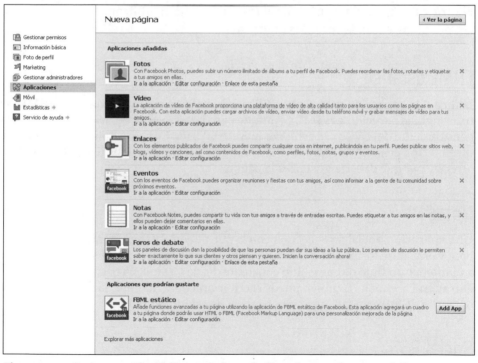

**Figura 3.5.** En la sección Editar página>Aplicaciones de una página de Facebook puede ver todas las aplicaciones utilizadas para personalizarla y mostrar su contenido.

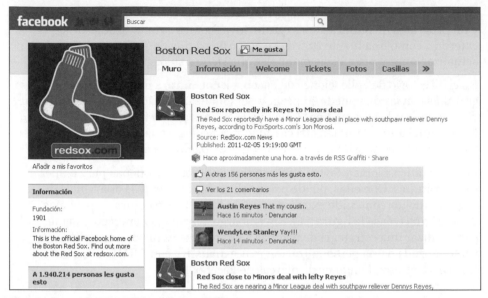

**Figura 3.6.** Las páginas más populares en Facebook utilizan
las pestañas estándar predeterminadas.

# FBML estático

Utilice esta aplicación para crear casillas o pestañas personalizadas con FBML
(un lenguaje parecido a HTML). Aunque para hacerlo es necesario cierto
conocimiento del código, el esfuerzo merece la pena. Con esta aplicación puede
diseñar una pestaña de entrada personalizada que les dice a los usuarios qué les
ofrece y por qué debería gustarles la página.

# Notas

Una aplicación oficial de Facebook con la que puede obtener fuentes de un
blog y enviar de forma automática las publicaciones a su muro. Esto le ayuda
a mantener un flujo de contenido constante desde su sitio Web, sin tener que
entrar en Facebook. También puede escribir una nota manual, lo que supone más
opciones de formato que una actualización de estado estándar.

# Social RSS

Ésta es otra aplicación de fuentes RSS que puede utilizarse para crear una vista
completa de su *blog* o de sus fuentes de Twitter en una pestaña de la página. Si
escribe en un *blog* con frecuencia necesita esta aplicación (o una parecida).

Social RSS le permite visualizar su *blog* en su propia pestaña de la misma forma que aparece en su sitio Web y no como un fragmento en su muro.

## PESTAÑAS DE UNA PÁGINA DE FACEBOOK

Una página tiene tres pestañas principales: Muro, Información y Fotos. Con una aplicación como FBML estático también puede crear y añadir pestañas personalizadas (véase la figura 3.7).

**Figura 3.7.** Ésta es una utilización ligeramente más compleja de las pestañas en una página de Facebook.

## Muro

La pestaña Muro es la página de entrada estándar para las páginas de Facebook. Aquí es donde la gente puede escribir mensajes públicos o comentar las publicaciones, como en un *blog*. Puede actualizar su estado y ver las actualizaciones de estado anteriores. Cualquier aplicación a la que haya autorizado enviar publicaciones a su muro, como las fuentes RSS, también aparece aquí. Los miembros de las páginas también pueden hacer clic en el botón **Me gusta** o comentar cualquiera de las publicaciones del muro.

## Información

La pestaña Información muestra toda la información de su empresa o de su marca, como una declaración de objetivos o un sitio Web.

La información disponible en esta pestaña depende de la categoría que haya elegido para la página. Esta pestaña también puede ayudarle a aumentar su presencia en las búsquedas de Facebook, así que sea minucioso.

## Fotos

La pestaña Fotos es un elemento fundamental en Facebook desde hace mucho, pero puede ser un obstáculo para los administradores de las páginas. Para algunas marcas es difícil conseguir las imágenes que la gente quiere ver en Facebook. Las fotografías de productos no funcionan, tiene que hacer que la gente quiera hacer clic en los álbumes. Hay mucho que mirar en Facebook, así que sea creativo con las formas de utilizar sus productos o diviértase con su marca.

# APLICACIONES PARA LAS PÁGINAS

Una página de Facebook incluye, de forma predeterminada, varias aplicaciones desarrolladas por Facebook: Fotos, Enlaces, Notas, Foros de debate, Vídeo y Eventos. Muchas de ellas ya existían antes de la aparición de las páginas o de las aplicaciones, por lo que es fácil olvidar que son, de hecho, aplicaciones desarrolladas por Facebook.

La funcionalidad de estas aplicaciones se explica por sí misma: cada una nos permite cargar o enviar el contenido que indica su nombre. De esa forma proporcionan la estructura básica de una página y la interacción de los miembros de la página con su contenido. Sin embargo, la estrategia de marketing de su página de Facebook debería ir más allá de esas aplicaciones básicas.

## Aplicaciones personalizadas

Facebook permite a los desarrolladores crear todo tipo de aplicaciones personalizadas. Dependiendo de su tamaño, presupuesto y estrategia, puede desarrollar sus propias aplicaciones personalizadas para que las utilicen los miembros de la página o, sencillamente, para tener un control total sobre la personalización y el diseño de las pestañas (véase la figura 3.8).

Las aplicaciones gratuitas, que están disponibles de forma inmediata, pueden ayudarle a poner su página en marcha o a añadir más contenido, pero le proporcionarán poco control. Si algo falla tendrá que esperar a que el desarrollador lo arregle y, normalmente, tendrá muy poco que decir en la forma de visualización del contenido en las pestañas de la página. Otra opción es utilizar FBML, pero para las pestañas de entrada o las promociones es mejor que diseñe sus propias aplicaciones.

**Figura 3.8.** Esta pestaña de Facebook utiliza FBML para añadir más elementos de diseño.

## Aplicaciones de usuario personalizadas

Algunas aplicaciones están diseñadas para la interacción con el usuario, pero están poco relacionadas con la marca. Por ejemplo, la aplicación de Coca-Cola Zero, Facial Profiler, permitía a los usuarios encontrar a sus gemelos en línea.

Coca-Cola Zero se basa en la idea de que sabe igual que la Coca Cola normal y la aplicación era divertida, pero en realidad no estaba conectada con la marca. Lo que hacía la aplicación era que Coca-Cola se anunciara a los usuarios que la utilizaban.

Por otro lado, Zappos creó una aplicación que permitía a los usuarios compartir sus productos favoritos de una marca minorista con sus amigos de Facebook. Marshalls utiliza una aplicación personalizada para pedir a los miembros de la página que desbloqueen lo que denominan "shopportunity" y tener la posibilidad de ganar un día de compras, mientras que TripAdvisor permite a los usuarios ver todas las ciudades que han visitado.

La moda, la tecnología y los viajes se adaptan bien a Facebook como aplicaciones, pero sea creativo y podrá crear una aplicación que sea divertida y relevante en cualquier tipo de industria.

## Aplicaciones personalizadas en una pestaña

Con una aplicación personalizada puede crear pestañas que no sólo muestren el contenido tal y como quiere, sino que también incluyan elementos interactivos como encuestas y concursos, reproductores de vídeo, juegos y formularios para recopilar direcciones de correo electrónico (véase la figura 3.9). Una aplicación personalizada como ésta es ideal para diseñar la pestaña de entrada para una promoción en Facebook.

Aunque puede utilizar la aplicación FBML estático para crear pestañas personalizadas, no conseguirá el nivel de personalización que puede ofrecer una aplicación construida de acuerdo con sus especificaciones.

## OPTIMIZACIÓN DE LA PÁGINA

Para maximizar el rendimiento de su inversión en Facebook tendrá que asegurarse de conseguir miembros para su página (anteriormente llamados *fans*) y mantenerlos.

Para ello, es necesario realizar una optimización básica del motor de búsqueda e incluir palabras clave en el contenido, tanto para Facebook como para las búsquedas orgánicas, de forma que su página pueda encontrarse en Facebook y en Internet.

**Figura 3.9.** La marca de moda Diane von Furstenberg incluye en su página una pestaña personalizada, sólida e interactiva.

## Búsquedas orgánicas

Los motores de búsqueda incluyen las páginas de Facebook en sus índices. Facebook ha llegado a acuerdos con Google y Bing para integrar su contenido social en una característica llamada Búsqueda en tiempo real. Su página será visible en los resultados de búsqueda siempre que la haya optimizado de forma correcta e incluso podrá ser vista por aquéllos que no tengan una cuenta de Facebook.

## Búsquedas en Facebook

La búsqueda interna en Facebook es muy exigente, pero está mejorando. Como puede imaginar, realizar una buena clasificación en una búsqueda interna en Facebook es todavía más importante (véase la figura 3.10).

Alguien que busque su marca directamente dentro de Facebook sabe lo que quiere y casi seguro que hará clic en el botón **Me gusta** cuando encuentre la página.

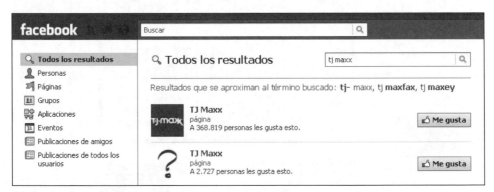

**Figura 3.10.** Ejemplo de una búsqueda interna en Facebook con unos resultados bastante pobres para la marca T.J. Maxx.

A la hora de optimizar una página de Facebook céntrese ante todo en las palabras clave y en el contenido.

Facebook añade el atributo "nofollow" a los enlaces para que no se sigan y no se transmita ningún valor. La parte central del plan de optimización de su página debería ser una estrategia de contenido rica en palabras clave, ya que ayudará a los nuevos usuarios a encontrarle y hará que los que ya tiene sigan visitándole. Incluya también los enlaces importantes con su sitio Web para que la gente a la que le gusta su página en Facebook pueda navegar fácilmente hasta su sitio.

## Consejos para optimizar una página

La optimización de una página empieza con la configuración y continúa a lo largo de la estrategia de marketing en Facebook. Los consejos que aparecen a continuación le ayudarán a iniciar su página de forma correcta y le permitirán optimizar mejor su contenido y su diseño.

▶ Elija un nombre de página y una URL descriptivos: Elija un buen nombre para la página (normalmente el nombre de la marca o su eslogan) y anime a 25 personas para que hagan clic en el botón **Me gusta** rápidamente para asegurarse su URL personalizada. Esta URL tendrá la forma `Facebook.com/SuNombreDePágina`, así que seleccione algo fácil de recordar y muy ligado a su marca.

▶ Rellene por completo la sección Información: Tómese su tiempo y seleccione la categoría correcta para su página. La categoría seleccionada afecta a la información que puede añadir a la pestaña Información. Rellene por completo esta sección y utilice muchas palabras clave. Añada también todos los sitios Web relacionados: *blog*, tienda en línea y página de Twitter (véase la figura 3.11).

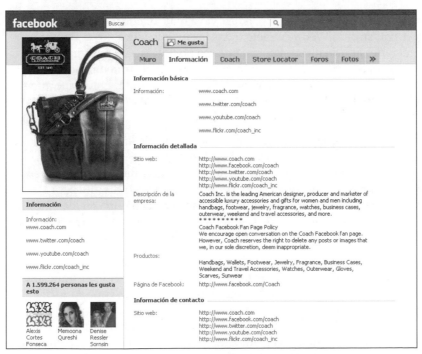

**Figura 3.11.** La pestaña Información de la página de Coach, rica en palabras clave, también añade enlaces.

▶ Utilice el cuadro Información: Una de las características más subestimadas e ignoradas en una página de Facebook es el cuadro Información que aparece a la izquierda, debajo de la fotografía de la página. Este cuadro, que aparece de forma prominente en la pestaña Muro, es un gran lugar para añadir palabras clave que describan la página, tanto a los usuarios como a los motores de búsqueda. También puede añadir un enlace en el que se puede hacer clic. Sólo tiene que tener cuidado y no exceder el límite de 250 caracteres.

Estos consejos le ayudarán a optimizar la página durante su configuración.

Sin embargo, para que esté actualizada, tenga un lugar elevado en el *ranking* y sea atractiva a los nuevos miembros también necesitará una estrategia de contenido continua.

## Optimizar mediante una estrategia de contenido

Para mantener su *ranking* y dirigir tráfico nuevo hacia su página tiene que actualizar su contenido de forma regular, tanto con publicaciones automatizadas como manuales.

▶ Contenido en promociones cruzadas: Vaya más allá de incluir un enlace con su sitio Web y conecte todas las propiedades de su Web con aplicaciones automáticas siempre que sea posible (véase la figura 3.12). Las fuentes RSS de un *blog* o de Twitter, por ejemplo, pueden enviar publicaciones a su muro y a una pestaña personalizada. Esto hace que se produzca un flujo de contenido constante, con enlaces con su sitio Web sin tener que realizar un esfuerzo adicional.

▶ Fomentar la participación: Una parte importante de la estrategia de contenido es manejar las interacciones. Cada interacción en la página, ya sea en forma de enlace o comentario, funciona como un voto para su página. Cuanta más participación e interacción haya, más alta será su posición en el *ranking*. Esto también mantiene la página en los suministradores de noticias de sus miembros: si interactúan con nuevos elementos sus amigos lo verán y serán dirigidos hacia su página.

▶ Hacer que el contenido fluya: Lo más importante en una estrategia de contenido es mantenerla. Nadie interactuará con una página estancada y muchos harán clic en Ya no me gusta si no actualiza su contenido. Una fuente RSS automatizada puede ayudar, pero asegúrese de añadir también contenido específico para Facebook. Aquí es donde puede fomentar la participación pidiéndole a la gente que comente las fotografías como parte de una promoción o publicando artículos que animen a compartir. Y, sobre todo, responda a los miembros de la página en el muro.

**Figura 3.12.** Busque formas para realizar una promoción de contenido en distintos lugares: en una pestaña de Facebook, en el muro y en su sitio Web.

# PROMOCIONAR SU PÁGINA

Ya ha configurado su página, ha creado una pestaña personalizada y el contenido optimizado está fluyendo. Ha llegado el momento de promocionar su página y convencer a la gente para que le guste. Las mejores promociones incluyen una combinación de anuncios pagados, promociones orgánicas y descuentos. Pruebe a usar una combinación de las tres y asegúrese de que su página está lista antes de empezar a pedir a la gente que se una a ella.

▶ **Anuncios pagados:** Puede comprar un anuncio en Facebook. De hecho, Facebook espera que no sólo se convierta en una marca, sino también en un anunciante. Si tiene poco dinero y quiere ganar miembros con rapidez, ésta podría ser una posibilidad. No dependa sólo de este factor.

▶ **Promoción orgánica:** Incluya enlaces con su página de Facebook en su sitio Web y añádalos a la cabecera o pie de página de los correos electrónicos que envíe a su lista de correo. Mejor todavía, escriba publicaciones en su *blog* sobre la nueva página y envíe un correo a todos los suscriptores informándoles de que su nueva página de Facebook ya está en marcha. Seguramente mucha gente estaba esperando la noticia; realice un evento de lanzamiento y después coloque enlaces permanentes con el sitio y con las futuras comunicaciones de correo electrónico.

▶ **Descuentos:** A todos nos gustan las cosas gratis. Ofrezca información, promociones y descuentos exclusivos para los miembros de su página de Facebook (véase la figura 3.13). Añada este incentivo a su correo electrónico de lanzamiento o a la publicación de su *blog* para dar a la gente una razón aún mejor para hacer clic en **Me gusta**. No tiene que volverse loco regalando cosas, pero piense en ofrecer algo.

# INTERACCIONES CON LA PÁGINA

Existen muchas formas en las que un usuario puede interactuar con su página, desde un flujo constante de actualizaciones de estado y publicaciones que aparezcan en el muro hasta cargas multimedia que puedan comentar. Las aplicaciones personalizadas, especialmente aquéllas diseñadas para la interacción del usuario, también animan a hacer clic. Cada interacción ayuda a mejorar su posición en el *ranking* y a mantener su nombre en un lugar prominente en el suministrador de noticias de Facebook.

▶ **Publicaciones en el muro:** La forma preferida de comunicación para los usuarios frecuentes de Facebook son las publicaciones en el muro, porque estos mensajes son rápidos y fáciles de escribir (véase la figura 3.14). También son abiertos y visibles al público: son buenos para los elogios pero no tanto para quejarse. Asegúrese de responder rápido.

**Figura 3.13.** La página Pink Page de Victoria's Secret es actual y atractiva gracias a sus distintas técnicas promocionales, sus incentivos y su contenido.

▶ **Comentarios de otros formatos:** Los miembros de su página pueden ver y comentar cualquier cosa que cargue en la página. Haga fotografías de los eventos para animar a que la gente haga clic en el botón **Me gusta** y a etiquetarlas cuando se vean en ellas, y piense en realizar un concurso de comentarios de fotografías para que la participación siga adelante, especialmente desde el principio.

**Figura 3.14.** Las publicaciones en el muro, las actualizaciones de estado y los comentarios de usuario de la página Zappos fomentan la interacción.

▶ **Mensajes de actualización:** Estos mensajes no ayudan directamente a la interacción de la página, pero puede enviarlos a todos los miembros y avisarles de que está disponible contenido nuevo. Incluya enlaces para que vayan directamente al contenido con el que quiere que interactúen.

▶ **Aplicaciones personalizadas:** Cuando diseñe una aplicación personalizada piense de forma social. Incluya formas fáciles para que los usuarios compartan los resultados de las aplicaciones con sus amigos o para que los inviten a probarla. Incluya también botones para compartir en todas las etapas de interacción con la aplicación, de forma que los usuarios puedan enviar publicaciones a su muro y a su suministrador de noticias.

# RESUMEN

De acuerdo con Facebook, hay casi 500 millones de usuarios activos en Facebook y cada uno de ellos está conectado, de media, a 60 páginas, grupos y eventos de Facebook.

El *blog* All Facebook (que se centra en temas de Facebook) realiza un recuento de las páginas más populares y las clasifica según el número de usuarios a los que les gustan. Cuando escribimos este libro la página más importante es Texas Hold'em Poker, de Zynga, con más de 17 millones de conexiones de usuarios, mientras que la página oficial de Facebook se acerca a los diez millones.

Obviamente, Facebook crece muy rápido (véase la figura 3.15), al igual que sus páginas, que son la clave para el marketing de su marca en Facebook.

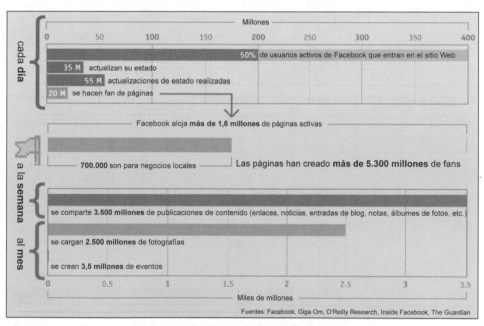

**Figura 3.15.** Facebook aloja más de 1,6 millones de páginas activas y un total de 5.300 millones de miembros de páginas (gráfico de Muhammad Saleem para Mashable.com).

No importa si su objetivo es la búsqueda de presencia, la conciencia general, el servicio al cliente o las ventas, tiene que tomarse esta red social en serio si quiere que su página tenga éxito.

Hay cada vez más usuarios de Facebook que esperan encontrar marcas en el sitio Web. Piensan en Facebook como se pensaba en Internet hace 10 años y se sienten decepcionados cuando no encuentran su tienda favorita o el personaje famoso que les gusta. No decepcione a sus seguidores con una página a medias. Considere su página de Facebook como una extensión de su sitio Web y ponga la misma cantidad de tiempo y de esfuerzo en ella.

# 4. Nociones básicas sobre los grupos de Facebook

Los grupos de Facebook suelen están formados por los seguidores de una marca, como por ejemplo, los grupos creados en torno a la botella de Coca-Cola, que afirman que es mucho mejor la botella que la lata. Los grupos se crean de forma más rápida y más fácil que las páginas, pero ofrecen menos funcionalidad.

La mayoría de sus técnicas de marketing en Facebook deberían centrarse en una página, ya que es el canal oficial que ha determinado Facebook para que las marcas lleguen a los usuarios. En general, ofrecen más funcionalidad y mejores oportunidades para interactuar con los miembros, aunque es útil usar grupos en determinadas estrategias de marketing.

Este capítulo explica de dónde vienen los grupos y examina cómo y cuándo puede utilizarlos, de forma que pueda tomar las decisiones más adecuadas para su campaña.

## GRUPOS O PÁGINAS

Los grupos de Facebook fueron la primera forma organizada para que los vendedores pudieran enviar mensajes a su público. Eran rápidos y fáciles de configurar, pero proporcionan una escasa participación o personalización. Facebook ha recorrido mucho camino desde entonces, pero todavía existen muchas diferencias entre las páginas y los grupos (véase la figura 4.1).

| | Grupos | Páginas |
|---|:---:|:---:|
| Mensajes masivos | ✓* | ✗ |
| Indexado por Google | ✓ | ✓ |
| Publicación de contenido | ✓ | ✓ |
| Contenido para usuarios específicos | ✗ | ✓ |
| Actualizaciones para usuarios específicos | ✗ | ✓ |
| Compatibilidad con aplicaciones | ✗ | ✓ |
| Limitación de miembros | ✓ | ✗ |
| Envío de mensajes sobre eventos | ✓ | ✗ |
| Métricas de participación | ✗ | ✓ |
| Widget promocionales | ✗ | ✓ |
| URL personalizadas | ✗ | ✓ |

* los mensajes se limitan cuando un grupo alcanza los 5.000 miembros

Fuente: AllFacebook.com

**Figura 4.1.** Como puede ver en este gráfico del blog All Facebook, la funcionalidad de los grupos puede variar mucho con respecto a la de las páginas.

Las páginas son el método preferido por Facebook para la interacción entre empresas y consumidores. De hecho, su intención quedó clara cuando aparecieron las páginas: Facebook se tomó la molestia de convertir muchos grupos oficiales de marcas en páginas. Al migrar miembros tan importantes como Apple, Facebook esperaba que los usuarios aprendieran a hacer clic en el botón **Me gusta** y prefirieran las páginas a los grupos.

Las páginas están pensadas para ayudar a crear relaciones con clientes o con seguidores de marcas y son mejores para los mensajes a largo plazo, mientras que los grupos se centran en foros y temas más temporales. Por esa misma razón, en muchas situaciones es preferible crear un grupo a utilizar una página. Los grupos funcionan bien cuando queremos llevar a cabo una acción rápida sobre una cuestión determinada y en un período de tiempo específico; normalmente se utilizan para reunir a gente en torno a causas o eventos actuales. También pueden ser efectivas como filiales o subsecciones de la página.

Los grupos están pensados para facilitar la organización y los foros en torno a un tema en particular y proporcionan un espacio más abierto para este tipo de conversaciones. Las páginas carecen del aspecto personal que sí tienen los grupos: unirse a un grupo se percibe como pertenecer a él, algo que no sucede cuando se hace clic en el botón **Me gusta** en una página (véase la figura 4.2). Los grupos también tienen un público mucho más específico que las páginas, lo que les proporciona una base de miembros más activa y participativa.

**Figura 4.2.** Los álbumes de fotografías son muy populares dentro de los grupos porque aportan un elemento humano del que carecen las páginas. Este grupo local incluye fotografías de sus miembros en los eventos que realizan.

## Mensajes más personales

Los grupos pueden tener un número ilimitado de miembros, pero sólo podrá enviar mensajes a sus miembros si el grupo tiene menos de cinco mil. Esos mensajes son muy importantes, porque se envían directamente a la bandeja de entrada de los miembros, como los mensajes de un amigo. El administrador de una página sólo puede enviar actualizaciones sobre esa página, que van a una bandeja de entrada distinta y más oculta, especial para los mensajes de la página.

## Mejor gestión de los eventos

El mantenimiento de los grupos lo realiza de verdad, por eso los grupos están mejor adaptados para gestionar los eventos y tienen una funcionalidad específica para ellos, como los mensajes de asistencia a los eventos. En la actualidad también se incluye el contenido del grupo en la sección Últimas noticias de Facebook, algo que hace tiempo era exclusivo para las páginas. Éste es un factor importante a la hora de conservar a los miembros y gestionar la participación.

Sin embargo, los grupos no pueden personalizar mucho contenido, añadir aplicaciones o seleccionar una URL personalizada. Esto hace que no aparezcan en los primeros puestos en los *ranking* de clasificación en una búsqueda.

Facebook también continúa ampliando la compatibilidad de las páginas con *widget* de promoción, anuncios y recursos de desarrollo dedicados a mejorar páginas tanto para administradores como para usuarios.

# LOS GRUPOS SON BUENOS... A VECES

Los grupos tienen sus ventajas: se configuran de una forma fácil y rápida y son muy útiles cuando estamos en un apuro, pero el aspecto negativo son todos los grupos descartados y con apariencia de *spam* que llenan las búsquedas de Facebook. Los grupos son fáciles de utilizar y eso los hace atractivos, pero también hace que ofrezcan poca confianza.

Gestionar una página puede parecer una tarea desalentadora; por eso, resulta más fácil empezar con un grupo. A diferencia de las páginas, los grupos permiten a sus administradores enviar invitaciones masivas para unirse al grupo. Es fácil y rápido, pero también molesto. Cuando se produce un acontecimiento importante en un período de tiempo breve los grupos son muy útiles, pero no debería utilizarlos para estrategias de marketing globales y a largo plazo.

Entonces, ¿cuándo puede utilizarse un grupo? De acuerdo con Facebook, los grupos y las páginas tienen distintas finalidades. Los grupos están pensados para fomentar los foros en torno a una temática concreta, mientras que las páginas permiten a entidades como figuras públicas y organizaciones transmitir información a sus seguidores. Sólo el representante autorizado de una entidad puede gestionar una página (véase la figura 4.3).

Facebook también ha empezado a ofrecer funcionalidad adicional para los grupos, haciéndolos más parecidos a las páginas y mostrando su contenido en la sección Últimas noticias. Aunque esto puede parecer bueno para algunos, un grupo grande puede ser difícil de manejar y a muchos administradores les resulta más fácil enviar mensajes a los miembros del grupo para que hagan clic en el botón **Me gusta** en su página.

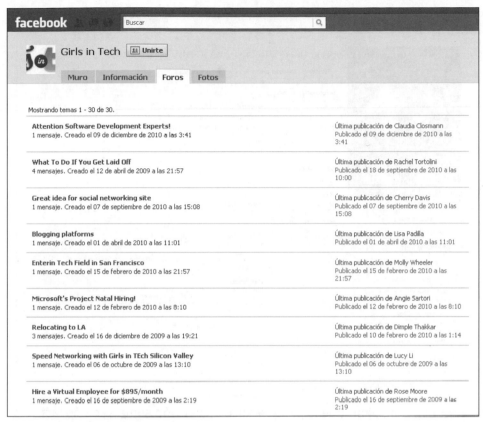

**Figura 4.3.** Los grupos están pensados para promover la participación en los foros, como hace este grupo con temas de tecnología.

## CUÁNDO LE INTERESA UN GRUPO

La configuración de un grupo es más fácil y más rápida que la de una página. Además, ofrece una atmósfera más personalizada y controlada para las conversaciones. Utilizar un grupo como herramienta de marketing es una opción mejor en los siguientes casos:

▶ **Cuando el tiempo es un factor importante:** Los grupos son útiles para las iniciativas que se realizan en un momento específico (véase la figura 4.4) y que tienen que llegar a un colectivo importante de forma rápida. En un grupo global, cualquier miembro puede enviar invitaciones en masa a sus amigos, lo que puede ser útil para el marketing viral. Sin embargo, tenga cuidado y no abuse de esta característica, ya que esas invitaciones pueden ser consideradas como *spam*.

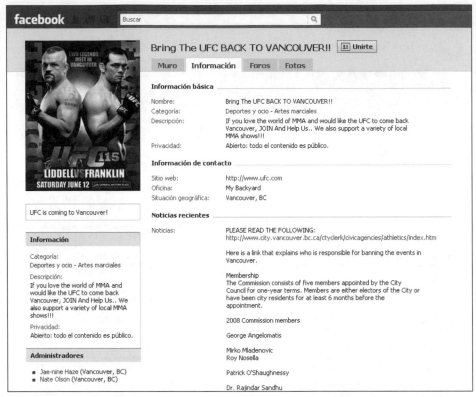

**Figura 4.4.** Conseguir que la gente realice una acción suele ser más fácil con un grupo como éste, que quiere que los combates de la UFC vuelvan a Vancouver.

▶ **Cuando necesite control:** Los grupos ofrecen más control sobre quién puede ser miembro, mientras que las páginas están abiertas a todo el mundo. Un grupo puede ser abierto sólo para una escuela o una red de trabajo en particular o para todo Facebook. También puede hacer que los miembros soliciten unirse al grupo, de forma que todo el mundo tenga que ser aprobado por un administrador (pero que pueda ver parte del contenido del grupo antes de pedir unirse) o puede hacer que el grupo sea completamente secreto y visible sólo a aquéllos que invite. Esto hace que los grupos sean útiles como una subsección aparte de su página, puede que para los mejores seguidores de su marca.

▶ **Cuando sea personal:** En general, los grupos de Facebook proporcionan una interacción más personal. Los grupos están ligados directamente a la persona que los administra y ese nombre de perfil aparecerá en el grupo; sin embargo, una página es más anónima y podría estar gestionada por un número de personas indeterminado. Algunos creen que esta conexión personal es un cambio positivo en el mundo digital, especialmente a la hora de tratar con temas más delicados o problemas emocionales, como cuestiones de salud o eventos que cambian la vida.

# CREAR UN GRUPO

Cuando tenga que promocionar algo de forma rápida o quiera fomentar un sentido de comunidad más fuerte, la mejor opción es un grupo. Para crear un grupo vaya a la aplicación Grupos y haga clic en el botón **Crear un grupo** que aparece en la esquina superior derecha de la página o vaya directamente a la opción Crear un grupo que aparece a la izquierda en la página de inicio. Todos los grupos necesitan un nombre, algunos miembros y un ajuste de privacidad. Puede editar los detalles del grupo una vez que lo haya creado, así que no se preocupe demasiado antes de empezar.

## Que sea abierto

Para que el alcance sea máximo fuera del grupo lo ideal es que cualquiera pueda unirse a él sin tener que ser aprobado por el administrador y que pueda invitar a sus amigos, ya que esto disminuirá su trabajo y podrá centrarse en crear contenido para que la gente lo comparta. Cuando cree su grupo, hágalo visible para todos los usuarios de Facebook: seleccione la opción Abierto, que permite a los miembros poder invitar a sus amigos (véase la figura 4.5). Los miembros también querrán escribir contenido y compartir enlaces, fotografías o vídeos en la página del grupo. Por otro lado, si utiliza un grupo especialmente por sus controles de privacidad, puede configurar el grupo a Cerrado para poder aprobar a todos sus miembros.

**Figura 4.5.** Puede cambiar el ajuste de privacidad de su grupo. Seleccione la opción Abierto para maximizar su búsqueda.

## Rellenar todos los campos

Como en el caso de las páginas, debería incluir la máxima información posible cuando cree su grupo (véase la figura 4.6). Esta meticulosidad es lo que diferencia a un grupo profesional y con éxito de un grupo de *spam*. No se exceda con texto muy largo, cíñase a los principios básicos de la lectura Web, pero no deje ningún campo en blanco.

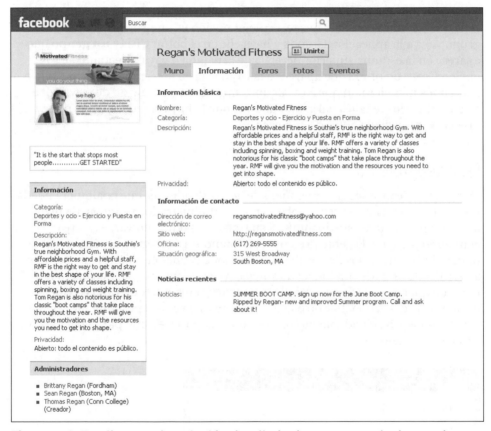

**Figura 4.6.** Escriba una descripción detallada de su grupo e incluya enlaces y palabras clave. Esto ayudará a la gente a encontrar el grupo y los animará a unirse a él en ese momento.

## Utilizar una gramática, puntuación y ortografía correctas

Crear un grupo es más rápido que crear una página, pero es necesaria la misma atención. El principal indicio de que un grupo se ha creado apresuradamente son los errores ortográficos y gramaticales.

Si la primera impresión de un posible miembro de su grupo es que está lleno de errores, asumirá que su contenido no tiene mucho valor. Revise su descripción.

## Incluir palabras clave para facilitar la búsqueda

Los grupos no aportan tanto contenido como una página, pero son indexados por los motores de búsqueda y por las búsquedas de Facebook. Cuando rellene la descripción de su grupo (haga clic en el botón **Editar el grupo** y rellene el cuadro de texto Descripción) incluya palabras clave. Esto aumenta las posibilidades de que un miembro encuentre su grupo mientras busca temas, organizaciones o eventos similares. Lo mismo pasa con el nombre del grupo, piense en palabras clave que la gente asocie con su contenido o con el propósito del grupo.

## GESTIONAR UN GRUPO

Una vez que el grupo esté configurado correctamente tiene que empezar a añadir miembros y a crear contenido. Eche un vistazo al capítulo 9, donde encontrará más ideas sobre el contenido, y tenga en cuenta que el objetivo de un grupo es empezar conversaciones. Muchas de sus obligaciones como administrador se centrarán en supervisar debates y en fomentar los comentarios cuando sea necesario (véase la figura 4.7).

## Utilizar con el perfil o la página

Cuando aparecieron las páginas, Facebook ofreció a los administradores de grupos la opción de transformar de forma automática a sus miembros en fans. Como resultado de ello, muchas marcas tienen ahora una única presencia en Facebook en forma de página. Sin embargo, para iniciar un grupo es necesario un perfil principal, es decir, el perfil de una persona que administre el grupo. El perfil principal es la base a partir de la cual invitar a gente y proporcionar una conexión humana.

## No hacer nuevos amigos

Un grupo no puede existir por sí mismo, por lo que tendrá que utilizar un perfil para invitar por lo menos a los primeros miembros. Eso hace que sea tentador empezar a enviar peticiones aleatorias de amistad a gente que no conoce. Invitar a miembros desconocidos al grupo va en contra de las condiciones de Facebook y muy pronto hará que esté excluido. Si quiere añadir gente nueva, incluya un mensaje personal en su petición de amistad explicando cómo los ha encontrado y por qué quiere que sean sus amigos.

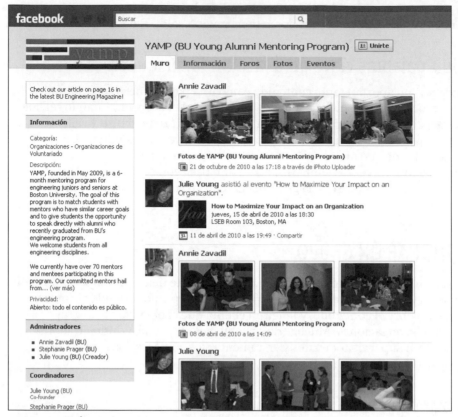

**Figura 4.7.** Éste es un buen ejemplo de un grupo conectado a una página y que de verdad se centra en construir una comunidad para los alumnos.

## Dividir a los amigos en listas

Si utiliza un perfil para invitar a los primeros miembros del grupo será útil dividir a sus amigos en listas relevantes para futuros objetivos de marketing. Puede etiquetar a la gente como ya invitados (para que no hacerlo de nuevo) o de acuerdo a sus intereses. Si tiene un restaurante, por ejemplo, cree una lista para sus amigos vegetarianos: podrá enviarles información especial sobre las comidas y los platos especiales para vegetarianos.

## Incluir eventos

Los eventos y los grupos tienen un alcance mayor que otros elementos de Facebook, ya que tienen una funcionalidad predeterminada de transmisión (véase la figura 4.8). Incluya una breve introducción en la invitación del evento y

manténgala abierta. Permita a sus invitados que inviten a otras personas y que
envíen sus propios vídeos, enlaces y fotografías. Puede tratarse de eventos físicos
o virtuales, igual que en una página.

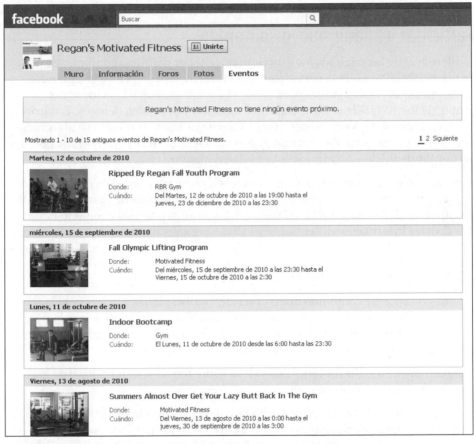

**Figura 4.8.** Los grupos son un buen lugar para anunciar eventos,
ya sean reales o virtuales. Este gimnasio local utiliza los eventos
del grupo para motivar a sus miembros.

## Enviar mensajes

Los mensajes de un grupo son más útiles que los mensajes de una página
porque los primeros van directamente a la bandeja de entrada del receptor,
igual que los mensajes de los amigos. Puede mantener actualizados a todos sus
miembros con noticias, eventos e información del grupo si selecciona como
destinatario a todos sus miembros y crea un borrador del mensaje, como en

cualquier mensaje privado de Facebook. Tenga en cuenta que esto sólo funciona si su grupo tiene menos de cinco mil miembros. Si escribe mensajes a todos los miembros y utiliza sus listas de amigos puede crear mensajes muy específicos y relevantes.

## Participar y añadir nuevo contenido

A diferencia de las páginas, los grupos pueden tener distintas configuraciones de privacidad. Para que la participación y la efectividad sean máximas tendrá que eliminar las restricciones para el muro, las fotografías y los vídeos del grupo, de forma que la gente comparta contenido y se inicien debates. Los grupos se centran en las conversaciones, por eso tiene que hacer que éstas se alarguen. Permitir la publicación de contenido no es suficiente, tendrá que realizar las preguntas de inicio y añadir los enlaces usted mismo.

Para que un grupo conserve sus miembros, en particular aquéllos que son participativos, el contenido tiene que ser actual. Una página de Facebook puede actualizarse de forma automática, pero para que su grupo esté completo tiene que aportar información interesante y valiosa para los miembros.

## Añadir enlaces, fotografías y vídeos

Además de aportar contenido nuevo, escribir publicaciones con frecuencia atrae a los miembros del grupo y permite una mayor interacción (véase la figura 4.9). Añada enlaces con sitios externos o con otras partes de Facebook y realice preguntas sobre su contenido, como en un club de lectura.

También puede añadir fotografías o vídeos sobre temas relacionados o de los eventos realizados en la vida real.

La funcionalidad de un grupo es limitada, así que aproveche al máximo lo que tiene. Los grupos se configuran de forma parecida a los perfiles; por eso, las fotografías, los enlaces y los vídeos son la mejor forma para introducir contenido externo o aportar el aspecto de marca. Esto significa que depende del contenido para personalizar un grupo y diferenciarse del resto. Mantenga el foro en marcha y escriba contenido con frecuencia.

## SUPERVISAR Y GESTIONAR UN GRUPO

El administrador de un grupo controla su contenido y a sus miembros. Como administrador puede enviar mensajes a los miembros y editar la información y la configuración del grupo. También puede eliminar a miembros actuales y eliminar el contenido no apropiado.

**Figura 4.9.** En algunos grupos, como en éste que rememora la década de los noventa, los miembros participan activamente de forma natural. En otros puede ser necesaria una mayor participación por parte del administrador.

En un grupo hay menos opciones de personalización y no existen aplicaciones para interactuar y mostrar contenido, por eso tendrá que supervisar y moderar el grupo con atención. La única interacción que puede tener la gente con un grupo es escribir contenido, por lo que tendrá que contestar las preguntas o eliminar *spam* (véase la figura 4.10).

## Eliminar contenido

Desarrolle una estrategia de eliminación o de respuesta igual que en una página. Elimine las publicaciones que utilicen lenguaje grosero o que sean demasiado negativas para el objetivo de su grupo. Supervise también el acoso a otros miembros y a las personas que envíen *spam* al muro del grupo.

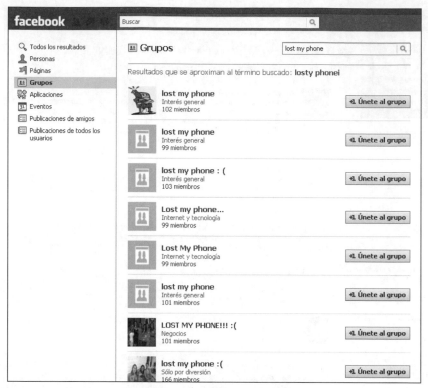

**Figura 4.10.** Crear un grupo y escribir en él es muy fácil, por eso son un objetivo frecuente para aquéllos que se dedican a enviar spam. Supervise su grupo detenidamente y elimine las publicaciones ofensivas o que no estén relacionadas con el grupo.

## Fomentar las publicaciones

Gestionar un grupo no sólo implica eliminar publicaciones no apropiadas. Tiene que hacer que el contenido fluya y que la conversación sea atractiva. Con suerte, su grupo se llenará con el contenido aportado por los miembros. Pero si no es así, parte de su trabajo será hacer que escriban realizando preguntas, haciendo introducciones y añadiendo enlaces con artículos o sitios Web interesantes.

## UTILIZAR GRUPOS PARA COMPLEMENTAR UNA PÁGINA

Si le gusta todo lo que ofrece una página de Facebook pero también valora los debates de un grupo, pruebe a utilizar ambos. Tendrá la optimización del motor de búsqueda y las ventajas de la marca de una página, además de la posibilidad de desarrollar aplicaciones, pero también podrá crear una presencia más pequeña y basada en una comunidad dentro de su grupo (véase la figura 4.11).

**Figura 4.11.** Este grupo de Facebook pone en contacto a los antiguos alumnos de la Boston University, un subconjunto dentro de la comunidad de profesores, estudiantes y antiguos alumnos de esta universidad.

Las páginas le permiten enviar mensajes específicos dependiendo de la zona geográfica, pero un grupo le permite ponerse en contacto con la gente de acuerdo con sus intereses.

Una cadena de restaurantes, por ejemplo, podría tener una página para la marca y grupos para cada ubicación individual.

Se puede pertenecer a la página, a un grupo o a ambos, lo que permite ver noticias y promociones generales de la página y actualizaciones o conversaciones locales sobre eventos y elementos del menú.

También puede tener un grupo secreto al que sólo invite a los mejores clientes y en el que incluya ventas especiales, códigos de promoción o fragmentos de contenido.

Busque temas que tengan éxito en su página y cree grupos en torno a ellos. Si en la página de su restaurante hay mucha gente interesada en comida sana, cree un grupo sólo para ellos. Hable sobre sus opciones más sanas y cómo pueden modificar los menús para reducir calorías sin perder la experiencia del restaurante.

Hay muchas formas de utilizar un grupo como compañero de una página. Siga el camino que le marquen sus miembros y prepárese para experimentar.

# RESUMEN

Los grupos de Facebook son el formato más adecuado para el marketing que se centra en cuestiones o causas que se producen en un momento específico. Los grupos tienen una apariencia más unida y son un poco más sencillos de entender que las páginas.

La facilidad de uso y las herramientas de comunicación intuitivas hacen que sean el lugar perfecto para un foro abierto a los miembros.

Recuerde que la participación del grupo empieza por el administrador. Realice preguntas para que la gente hable, cuente historias y comparta consejos. Tenga cuidado cuando se trate de temas delicados o problemas de salud: no querrá que su grupo se llene de información falsa o remedios caseros. Si esto le preocupa, un grupo cerrado le permitirá aprobar a la gente antes de que se unan y escriban contenido.

Hay muchos elementos que hay que tener en cuenta incluso en los grupos más sencillos, pero Facebook le ofrece herramientas para ayudarle. Su reto es utilizarlas correctamente. Lo único que tiene que recordar es que la gente sólo sacará del grupo lo que usted ponga en él. Tómese su tiempo para configurarlo bien, supervíselo y participe de forma activa en el grupo.

Los grupos también están experimentado los mismos cambios que los perfiles y las páginas: Facebook ha cambiado el formato de pestañas por otro más actual. Los grupos que se crean en la actualidad tienen una apariencia distinta (véase la figura 4.12), aunque estos cambios no afectan a los grupos que ya existen, que en principio conservarán su formato.

**Figura 4.12.** Los grupos pueden configurarse rápidamente, pero tiene que hacerlo bien. Mantenga siempre el flujo de las conversaciones y fomente la participación.

# 5. Eventos de Facebook

Con la aplicación Eventos de Facebook puede invitar a los usuarios a cualquier evento, ya sea real o virtual. Los eventos están muy bien para unir a los miembros de una página en torno a un suceso concreto, ya sea una venta, el estreno de una película, la renovación de un menú o el lanzamiento de un nuevo producto. Además, los eventos tienen una sección específica en la página, por lo que los miembros pueden ver fácilmente qué está preparando.

Los eventos se configuran de forma rápida y fácil y son perfectos para crear una respuesta rápida a una cuestión específica en el tiempo. Esto hace que sean fáciles de incluir en la estrategia de marketing de Facebook. Por otro lado, cualquiera puede crearlos y abarrotar el sitio Web con eventos. Esto hace que sea más difícil (pero no imposible) utilizar los eventos de Facebook de forma eficaz. Sólo necesita un poco más de esfuerzo adicional para hacer que su evento destaque.

## CUÁNDO UTILIZAR UN EVENTO

La mejor forma de utilizar un evento es hacerlo como haría con una invitación impresa: cuando tenga que promocionar un evento real (véase la figura 5.1). Utilizar Facebook para enviar la información del evento es mucho más rápido (y más barato) que imprimir las invitaciones y enviarlas por correo a todos sus contactos.

**Figura 5.1.** Los eventos de Facebook deberían utilizarse para acontecimientos reales que incluyan un lugar y una hora en el mundo real. También pueden utilizarse para eventos virtuales, pero tenga cuidado de no confundir a la gente.

Los eventos de Facebook también pueden ser el complemento ideal de un anuncio enviado por correo electrónico o de una invitación real.

Puede enviar un anuncio o una invitación por correo a un grupo selecto (por ejemplo, críticos gastronómicos o *fashion blogger*) y un correo electrónico al resto de personas. Las distintas listas de contactos seguramente coincidirán parcialmente, pero es mejor enviar distintos tipos de mensajes para garantizar una mayor asistencia. Envíe un anuncio por correo electrónico y después envíe invitaciones al evento en Facebook a medida que se acerque la fecha.

Está bien crear un evento en Facebook para cualquier acontecimiento de la vida real que vaya a celebrar. Si organiza muchas fiestas, ventas o promociones puede utilizar la sección Eventos de su página de Facebook para promocionarlos.

Sin embargo, no se vuelva loco invitando a todo el mundo o enviando mensajes a todos los miembros de su página. Que haya creado un evento no significa que tenga que invitar a todas las personas que conozca. Ésa es una forma segura de que a la gente no le guste su página.

## CREAR UN EVENTO

Configurar un evento en Facebook (véase la figura 5.2) es muy fácil. Puede que ésa sea la razón por la que la red social está llena de tantos eventos incompletos y sin supervisar. No participe en esta confusión: cree sus eventos correctamente.

**Figura 5.2.** Proporcione a sus invitados la máxima información posible a la hora de crear un evento. Rellene todos los campos, están ahí por alguna razón.

## Que el evento sea público

Haga que su evento se pueda buscar. Utilice los principios de optimización del motor de búsqueda para proponer un nombre e incluya palabras clave en la descripción del evento. Piense en búsquedas o temas populares que puedan interesar a la gente que quiere que asista al evento.

## Permitir la interacción

Mantenga su evento lo más abierto posible. Una forma de hacerlo es permitir que sus invitados inviten a otras personas, lo que abre su evento a una red mucho más amplia. Permita que sus invitados incluyan vídeos, enlaces y fotografías del evento. Puede utilizar esta estrategia para mantener el interés hasta que llegue la gran noche y añadir contenido a la página posteriormente, cuando los que asisten al evento añadan sus fotografías. Fomente la conversación entre los invitados manteniendo el muro abierto a los debates. ¡Y no olvide participar!

## DESTACAR DEL RESTO

Mucha gente utiliza los eventos para cuestiones como teléfonos perdidos y encuestas absurdas (véase la figura 5.3), así que una configuración correcta es clave para el éxito de un evento de Facebook. Los eventos son muy fáciles de difundir porque pueden ser transmitidos por otros usuarios que a su vez invitan a personas que no están en la red original del creador. Sin embargo, esta facilidad de transmisión también significa que los usuarios pueden estar expuestos a recibir muchos mensajes de eventos todos los días.

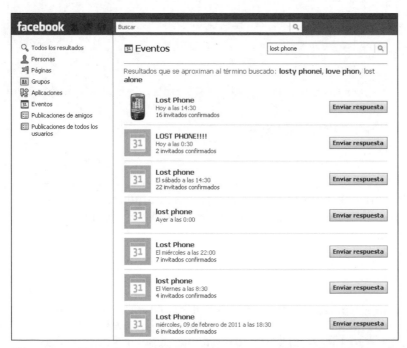

**Figura 5.3.** Para destacar entre los eventos aleatorios de Facebook cargue una imagen, revise la gramática e incluya muchas palabras clave.

Muchos usuarios se han dado cuenta de lo fácil que es crear un evento, así que tendrá que hacer que sus eventos sean mejores que todas esas molestas peticiones de números de teléfono. La mayoría de esos eventos "basura" están plagados de errores y no son muy difíciles de superar.

Éstos son algunos consejos para destacar sobre el resto:

▶ **Cargar una imagen:** La primera pista de que un evento puede ser un falso es una imagen del calendario en blanco, que es el equivalente a la imagen de perfil con el signo de interrogación. Cargue una imagen en su evento y ya estará por delante de los demás.

▶ **Rellenar todos los campos:** Describa su evento de forma precisa. Esto ayudará en los resultados de búsqueda y, a la vez, demuestra que asistir a su evento sirve para algo.

▶ **Responder a los invitados:** Participe de forma activa en los foros anteriores y posteriores al evento para mantener a la gente interesada y aumentar las posibilidades de que asistan.

# ENVIAR INVITACIONES

Ahora que ya ha creado un evento en Facebook, existe un (pequeño) inconveniente. Como vendedor, debería utilizar una página para comunicarse con sus seguidores en Facebook, pero una página no puede invitar a gente a un evento, sólo puede hacerlo un perfil personal.

Tiene varias opciones. Una sería incumplir las condiciones de Facebook y crear un perfil para su marca. No es una buena idea y, además, malgastará mucho tiempo y energía.

Una solución mejor es utilizar su propio perfil para invitar personalmente a algunos amigos que podrían estar interesados en el evento. Empiece con unos pocos y anímelos a invitar a sus amigos. También puede utilizar su lista de correo electrónico para enviar invitaciones. Esto puede resultar complicado, ya que sólo se pueden invitar a cien personas cada vez y Facebook permite sólo 300 invitaciones pendientes. Aun así, una lista de correo electrónico puede ser una buena forma de divulgar el evento a algunos de sus seguidores más importantes.

La buena noticia es que, aunque puede invitar a cien personas a la vez, pueden responder a esa invitación un número ilimitado de personas. Así que puede añadir un enlace con el evento a la página de Facebook o enviar una actualización masiva a los miembros de la página (véase la figura 5.4). Si el evento es abierto y público, los miembros pueden añadirse ellos mismos a la lista de invitados.

**Figura 5.4.** Facebook limita el número de invitaciones a un evento,
por eso es más fácil enviar una actualización masiva a todos los miembros
de la página con un enlace al evento y dejarles que ellos mismos
se añadan a la lista de invitados.

## INTEGRAR EVENTOS EN UNA PÁGINA

La mayor parte del marketing de Facebook se produce directamente en la página
de la marca, así que tendrá que incluir en ella sus eventos.

Esto ayuda a aumentar la asistencia al evento y su éxito, a la vez muestra a los
miembros de la página que se compromete a crear una experiencia mejor para
ellos. Tiene que darles razones para interactuar con la página constantemente.

▶ Utilizar la pestaña/sección Eventos: Cuando cree un evento hágalo desde
la página de su marca, no desde su cuenta personal. También tiene que
asegurarse de que la pestaña/sección Eventos tiene una importancia
destacada (véase la figura 5.5). Si no aparece la pestaña Eventos, haga clic
en las pestañas ocultas que están detrás de las flechas, a la derecha de
la página. Desde ahí puede arrastrar la pestaña Eventos a una nueva
posición. Si ya tiene la nueva versión de Facebook, haga clic en el botón
**Editar la página** que aparece en la esquina superior derecha de la
página. Vaya a la sección Aplicaciones que aparece a la izquierda y en
la aplicación Eventos haga clic en Editar configuración. En el cuadro de
diálogo Editar la configuración de Eventos haga clic en Agregar. Puede
hacer esto con todas las aplicaciones que necesite.

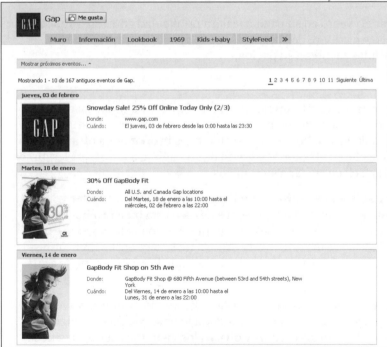

**Figura 5.5.** Un restaurante local usa los eventos de Facebook para promocionar cenas especiales, mientras que un minorista de ropa internacional, Gap, anuncia las rebajas en sus tiendas físicas y en su tienda en línea.

▶ Incluir un enlace en el muro: Incluya un enlace con el evento e invite a sus amigos a visitar la URL para que se añadan ellos mismos a la lista de de invitados. Promocione el evento de forma periódica durante los días o semanas anteriores al gran día, cambiando el lenguaje utilizado y la hora del día en la que escribe, para maximizar la visibilidad y el interés y minimizar el cansancio.

▶ Enviar una actualización a los miembros de la página: Las actualizaciones normalmente se ignoran (están ocultas en un subconjunto de mensajes en la bandeja de entrada), pero debería enviar uno con el enlace del evento, como ha hecho en el muro. No hace daño enviar mensajes por distintos medios.

# PROMOCIONAR SU EVENTO

Configurar un evento correctamente (incluir palabras clave e imágenes y que sea abierto) es importante para conseguir algunos invitados de forma natural (véase la figura 5.6).

Aunque integrar el evento en su página le dará publicidad entre su público, promocionar el evento fuera de Facebook puede ayudarle a atraer nuevos miembros y posibles clientes a su página.

Aquí tiene algunas ideas:

▶ **Enviar correos electrónicos en masa:** Sí, se trata de su base de clientes habitual, pero puede que no todos sean miembros de su página de Facebook. Enviar correos electrónicos les proporciona otra razón para hacer clic en el botón **Me gusta** de su página, a la vez que les ofrece contenido fácil de enviar a sus amigos.

▶ **Escribir sobre el evento en Twitter:** Algunas veces Twitter y Facebook no se llevan bien, pero en este caso está bien promocionar una característica de Facebook en Twitter. Facebook solamente es, en realidad, la página de entrada. Añada un enlace en Twitter (utilice un acortador de URL) y anime a la gente a que lo reenvíe e invite a sus amigos.

▶ **Crear un enlace desde su sitio Web:** Si va a alojar muchos eventos debería integrar esos anuncios de alguna forma. Añada una página al sitio Web sólo para los eventos y dirija a los visitantes desde su sitio a Facebook para que se registren en el evento allí. De esta forma, no tendrá dos listas de invitados ni necesitará que los usuarios se registren en un sitio distinto para responder a la invitación.

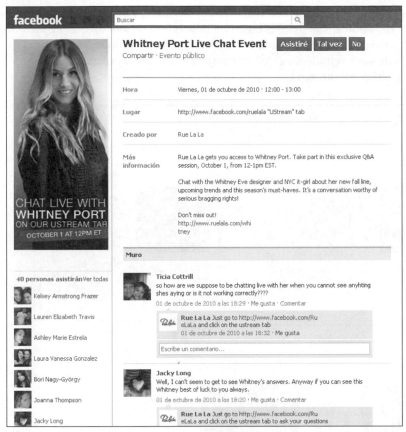

**Figura 5.6.** Un evento de Facebook bien diseñado que se ha utilizado para anunciar un chat en directo.

## REALIZAR UN SEGUIMIENTO DE LOS EVENTOS

Durante el evento tendrá la oportunidad de hablar con algunos seguidores de su marca y, cuando termine, tendrá mucho contenido e historias para compartir con ellos. Inclúyalo todo en la página de eventos para que los invitados puedan ver sus fotografías y la gente que no haya podido ir esta vez vea lo que se ha perdido. Unas cuantas actualizaciones mantendrán el interés por la marca y le ayudarán a generar de forma inmediata interés por el siguiente evento.

▶ **Incluir fotografías y vídeos:** Añada todas las fotografías y vídeos del evento en la página de la marca y en la página de eventos. Cada evento debería tener su propio álbum de fotografías, de vídeos o de ambos en la página de la marca y estar etiquetado y explicado de forma clara (véase la figura 5.7). También puede crear un enlace con la página de eventos en Facebook. Añadir fotografías crea una prueba social y le dice a la gente que sus eventos son divertidos y merecen la pena. También mantiene el interés de sus invitados, ya que intentarán etiquetarse en las fotografías y compartirlas con amigos.

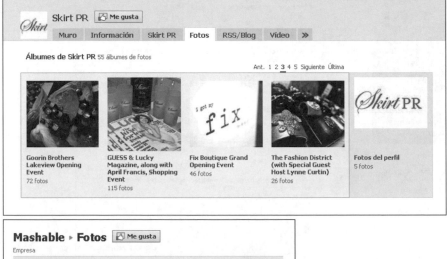

**Figura 5.7.** Una firma de relaciones pública centrada en la moda siempre hace fotografías del evento y las carga en álbumes de Facebook claramente etiquetados. El conocido blog de medios sociales, Mashable, hace lo mismo con sus eventos de la vida real.

► **Enviar una nota de agradecimiento:** Dé las gracias por asistir al evento con una actualización de estado en su página y con una actualización masiva a los miembros de la página. Es un bonito detalle y una cortesía que todavía se sigue aplicando en la era digital. También puede crear un enlace a las fotografías del evento y animar a los asistentes a etiquetar las fotografías y comentar su parte favorita de la noche.

▶ **Utilizar lo que se tenga:** Utilice las fotografías y comentarios de un evento cuando planee el siguiente. Incluya menciones de "la última vez" para que los asistentes recuerden lo divertido que fue y para atraer a nuevos asistentes.

# RESUMEN

Configurar un evento es muy fácil, por eso existen muchos eventos de tipo *spam* o mal escritos. Puede destacar del resto utilizando una puntuación y una gramática correctas, incluyendo información útil relativa al evento y una imagen atractiva. Además, seleccione la opción Cualquiera puede ver y responder (evento público) para que el evento tenga una visibilidad máxima (véase la figura 5.8).

**Figura 5.8.** La promoción Frappuccino Happy Hour de Starbucks fue un evento con gran promoción en Estados Unidos que incluía un evento público en Facebook.

Para asegurarse de que el evento es un éxito (en la vida real y en Facebook) utilice también sus otros canales de marketing. Saque el máximo provecho de esta herramienta sencilla y gratuita.

Promocione el evento en su lista de correo electrónico y en su página de Facebook. No espere a que la gente encuentre el evento y que, a su vez, invite a sus amigos.

Asegúrese de que saben qué pasa, cuándo va a pasar y de que quiere que traigan amigos.

# 6. Nociones básicas sobre las aplicaciones de Facebook

Hace varios años Facebook sacó al mercado una plataforma que permitía a los desarrolladores crear aplicaciones para optimizar las características del sitio Web y la información social de sus usuarios. Cuando un usuario instala o añade una aplicación, ésta puede mostrar contenido en su perfil y tener acceso limitado a su información. Las aplicaciones son una gran oportunidad para los vendedores, ya que con ellas pueden crear experiencias atractivas, relacionadas con la marca y que son intrínsecamente sociales.

En este capítulo encontrará todo lo que necesita para pensar con creatividad, conseguir una idea para una gran aplicación y planificar su desarrollo. Por supuesto, para construir una aplicación son necesarios recursos de desarrollo. Podría encargárselo a un programador de su empresa, contratar a uno o aprender usted mismo a hacerlo. Cualquier desarrollador competente puede aprender a trabajar con la API (*Application Program Interface*, Interfaz de programación de aplicaciones) de Facebook, pero no está entre los objetivos de este libro enseñar programación.

## CREAR APLICACIONES INTRÍNSECAMENTE SOCIALES

Seguramente habrá escuchado el concepto "marketing viral", pero ¿qué significa en realidad? La confusión entre marketing social y marketing viral es muy frecuente. Viral es el resultado: el éxito en el lanzamiento de una campaña contagiosa. Esta capacidad para ser contagiosa no es algo que pueda añadirse a última hora: las aplicaciones con más oportunidades de ser virales serán las que sean intrínsecamente sociales.

Aunque puede resultar chocante que una aplicación pida de repente a un usuario que invite a otros (véase la figura 6.1), el valor de una aplicación realmente social o el placer que obtiene un usuario de ella suele ser la interacción con otras personas dentro de la propia aplicación.

**Figura 6.1.** Cuando los usuarios instalen su aplicación, la aplicación pedirá permiso para acceder a parte de su información personal.

## MEJORAR COMPORTAMIENTOS SOCIALES QUE YA EXISTEN

Se ha descrito a Facebook como una utilidad social, no como una red social; no se trata de un grupo de personas que interactúan, sino de un grupo de herramientas que permite a las personas interactuar con sus redes sociales (que ya existían previamente). Muchos consideran que Facebook no es un lugar para conocer gente, sino para conectarse y comunicarse con aquellas personas que ya se conocen. Los usuarios ya interactuaban con su círculo social mucho antes de que apareciera Facebook y muchas interacciones siguen produciéndose fuera de Internet. Facebook es una herramienta que facilita la conexión de personas que están a mucha distancia o que tienen en común actividades específicas o contenido concreto (como las fotografías de una fiesta a la que hemos asistido).

Una de las formas más fáciles de diseñar una aplicación intrínsecamente social es identificar un comportamiento social que ya existe y mejorarlo. Un usuario seguramente utilizará su aplicación si sirve para felicitar a un universitario que acaba de terminar sus estudios, pero no lo hará si implica una interacción social totalmente nueva. Esta última opción es posible, pero es mucho más difícil desde un punto de vista de motivación y de marketing. De hecho, una de las aplicaciones más conocidas de Facebook permite a sus usuarios enviar felicitaciones de cumpleaños, una actividad tan antigua como el propio nacimiento.

Conocer a su público puede ayudarle mucho. Por ejemplo, si se dirige a las madres puede crear una aplicación que permita a sus hijos enviarles flores virtuales el día de la madre (véase la figura 6.2). O si se dirige a aquéllos que han sido padres recientemente podría construir una aplicación "Ha sido niño/niña". Una pequeña investigación sobre sus posibles usuarios le permitirá crear una lista de las interacciones sociales más populares en Facebook. Una vez que tenga esa lista puede decidir cuál se adapta mejor a su estrategia de marca. Por ejemplo, una empresa de productos de limpieza podría construir una aplicación relacionada con fiestas e incluir un recordatorio de que ellos pueden ayudarles a limpiar al día siguiente. Si tiene una lista de los correos electrónicos de sus clientes puede realizar una sencilla encuesta y preguntarles qué hacen actualmente en Facebook; es una forma rápida y fácil para obtener muchas ideas buenas.

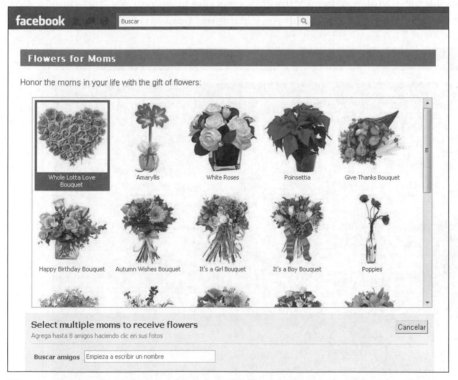

**Figura 6.2.** Flowers for Moms es un buen ejemplo de una aplicación que mejora un comportamiento social que ya existe.

Recuerde que nadie quiere socializar algo que percibe como aburrido (no importa lo fascinantes que le parezcan los seguros de vida). La gente quiere socializar su vida y la de sus amigos. Esfuércese para que su marca sea la que les ayude a hacerlo mejor.

## APRENDER DEL ÉXITO

Siguiendo con la metáfora del marketing viral, puede decirse que las aplicaciones contagiosas de Facebook son organismos vivos. Por ejemplo, si quisiera tener un perro con un conjunto determinado de características, seleccionaría padres con esos rasgos y los criaría. De la misma forma, puede tomar prestadas ideas y características de aplicaciones que ya existen y combinarlas para crear algo nuevo.

Dependiendo de la industria y del nicho de mercado, puede tener uno o más competidores directos que construyan aplicaciones para Facebook. En la mayoría de los casos no tendrá esa suerte. En lugar de buscar competidores que vendan productos similares a los suyos, busque empresas y aplicaciones destinadas al mismo público. En 2007 y 2008 una de las aplicaciones más populares de Facebook fue el violento juego Vampires, en el que los jugadores "mordían" a sus amigos para convertirlos en vampiros y acumular puntos (véase la figura 6.3).

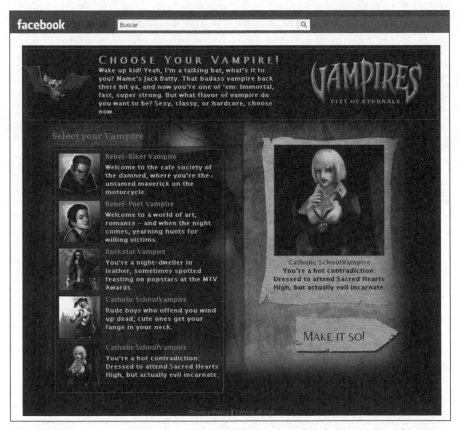

**Figura 6.3.** Vampires es una aplicación con mucho éxito en Facebook que ha aprendido del éxito anterior de Zombies.

En lugar de arriesgarse con una nueva idea que puede no tener éxito, Sony Pictures cambió el nombre a la aplicación para promocionar su película de vampiros *30 días de oscuridad*. ¿Y si tiene que promocionar una película de zombis? Puede crear una aplicación parecida (ya existen unas cuantas) pero con el estilo de su marca.

Siga esta técnica con cierta prudencia: no querrá que vean su aplicación como una mera copia de otra. La clave es añadir el sello especial de su propia marca al concepto que se ha tomado prestado. Por ejemplo, una empresa de energía eólica podría crear una versión de la aplicación más popular de Facebook en este momento: FarmVille. Ya existen muchas versiones de este juego y sus usuarios aumentan cada día; eche un vistazo a PetVille, FishVille y YoVille y verá que están construidas de forma distinta, pero se basan en la misma idea.

También puede buscar inspiración en las aplicaciones (especialmente los juegos) que tienen éxito fuera de Facebook. Una de las aplicaciones más conocidas de Facebook se basa en el juego de mesa Scrabble (véase la figura 6.4).

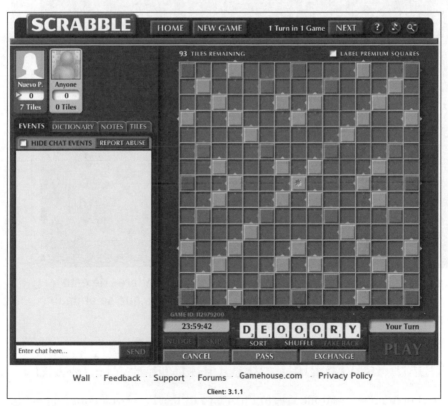

**Figura 6.4.** El popular juego Scrabble se ha convertido en una aplicación de Facebook con mucho éxito.

No infrinja la marca registrada de una empresa importante, como han hecho los creadores de Scrabulous (y que han sido demandados por ello); puede inspirarse en juegos de cartas, juegos de mesa que no hayan sido patentados y juegos de patio de colegio. Por ejemplo, la aplicación Texas Hold'em poker de Zynga es muy conocida (véase la figura 6.5).

**Figura 6.5.** El póker es un juego social y los desarrolladores de esta aplicación incluyeron varios puntos de contacto en los que se animaba a los jugadores a incluir a sus amigos.

## CLARIDAD, SIMPLICIDAD Y VELOCIDAD DE PARTICIPACIÓN

Tenga en cuenta que su público seguramente ya utiliza Facebook como elemento de socialización, así que no estará muy interesado en aprender comportamientos nuevos. Debería esforzarse para que sus aplicaciones sean muy intuitivas.

Una de las aplicaciones de Facebook más populares de todos los tiempos es Supermuro, que lo único que hizo fue mejorar la aplicación Muro que ya existía mucho antes de que el propio Facebook integrara una amplia gama de características nuevas. La gente comprendió enseguida el concepto de muro y por eso se produce un intervalo de tiempo muy breve desde que se instala la aplicación hasta que se utiliza y se disfruta.

Piense en su aplicación en términos de rozamiento e inercia. "Rozamiento" es la cantidad de tiempo, esfuerzo y participación que dedica un usuario a una aplicación e "inercia" es la motivación que tiene ese usuario para abrirse paso a través del rozamiento.

Si su aplicación es lo mejor que va a pasarle a Facebook desde FarmVille y todo el mundo lo sabe, los posibles usuarios tendrá motivación suficiente para tratar con un nivel de rozamiento bastante elevado. Por otro lado, si nunca han oído hablar de su aplicación, es mejor que sea fácil de configurar y que merezca la pena. Trabaje para reducir el rozamiento y aumentar la inercia.

# INTEGRACIÓN CON LAS CARACTERÍSTICAS VIRALES DE FACEBOOK

Facebook es una red social y, como tal, contiene una amplia gama de características potencialmente contagiosas. Los usuarios pueden invitarse unos a otros a las aplicaciones, sugerir páginas, enviar mensajes y etiquetar personas.

La mayoría de estas acciones hacen que Facebook envíe mensajes al usuario de destino, informándole de las acciones de su amigo (véase la figura 6.6). Los usuarios también pueden escribir actualizaciones de estado en su muro, que aparecerán en las páginas de inicio de sus amigos. Asegúrese de que la aplicación utiliza de forma correcta estas características virales.

Dé a los usuarios razones para que inviten a sus amigos, pero no lo exija ni les obligue a hacerlo. Construya una razón para que su aplicación aparezca en la sección Últimas noticias de los usuarios. Los jugadores de Mafia Wars obtienen puntos cuando invitan a sus amigos a unirse al juego para aumentar sus familias del crimen y se ha convertido en una de las veinte aplicaciones más populares.

No caiga en la trampa de pensar que puede incluir estos mecanismos virales en una aplicación después de haberla construido. Para que los resultados sean mejores, estos mecanismos deberían estar profundamente integrados y ser una parte de la razón fundamental para utilizar su aplicación.

No diseñe una aplicación que funcione en un vacío social. Construya algo donde la razón principal sea interactuar con otras personas y, a la vez, distribuir la aplicación.

**Figura 6.6.** Puede incentivar a los usuarios de su aplicación en Facebook para que inviten a sus amigos a unirse a la aplicación.

## Partes de su aplicación

Una aplicación tiene básicamente tres zonas o lugares de Facebook en los que puede interactuar con los usuarios: la página principal, las pestañas o secciones del perfil (véase la figura 6.7) y la página de seguidores. La página de seguidores es una página normal dedicada a la aplicación y su funcionalidad es la misma que en cualquier otra página. La página principal es el lugar central en el que los usuarios utilizan la aplicación. Las pestañas o secciones del perfil son zonas del perfil de usuario en las que puede visualizar cierto contenido y funcionalidad.

## DESARROLLO

Cuando encuentre una idea maravillosa para su aplicación haga un dibujo de cómo van a interactuar los usuarios con ella. No se preocupe si no sabe dibujar; de hecho, cuanto peor dibuje mejor le saldrán los prototipos. Utilice lápiz y papel (los rotuladores también son útiles, ya que le obligan a olvidar los detalles y a centrarse en las estructuras principales) o una herramienta digital como Balsamiq Mockups, Adobe Photoshop o incluso Microsoft PowerPoint.

Dibuje un esquema con las características y las acciones de usuario más importantes y presente este prototipo a los posibles usuarios cuanto antes. Aunque no tenga un prototipo que funcione se sorprenderá de la gran cantidad de información que puede conseguir. Dibuje rápido y no se ciña demasiado a ninguna versión individual; no tenga miedo a romperlo todo y volver a empezar.

**Figura 6.7.** Su aplicación puede mostrar el contenido en los perfiles de los usuarios.

Como hemos mencionado anteriormente, seguramente usted no va a desarrollar su propia aplicación. Cuando esté satisfecho con el prototipo empiece a hablar con sus desarrolladores: le informarán sobre la facilidad o dificultad de desarrollar y mantener partes específicas de su aplicación. En esta etapa también tendrá que empezar a trabajar con su diseñador, si tiene uno aparte de los recursos para el desarrollo. Si tiene estos recursos, también es una buena idea contratar un experto en interacción y experiencia de usuario.

Facebook es un entorno fluido y aprenderá a medida que construya y ponga en funcionamiento su aplicación, así que planifique su desarrollo en iteraciones (véase la figura 6.8).

Olvide el perfeccionismo; consiga una aplicación con una funcionalidad mínima, póngala en marcha cuanto antes y siga trabajando para mejorarla. La mejor metodología de desarrollo para proyectos como éste es una variante del desarrollo ágil, un tema sobre el que encontrará muchos libros y sitios Web.

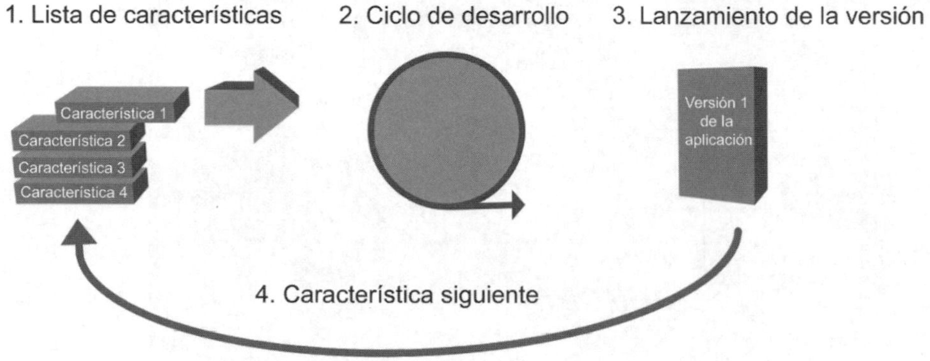

**Figura 6.8.** El desarrollo de una aplicación de Facebook debería ser un proceso iterativo y cíclico.

## APARIENCIA

Antes del lanzamiento de la primera versión de la aplicación tendrá que crear algunas imágenes y texto (véase la figura 6.9). En general el texto será corto: el nombre de la aplicación, una descripción y cualquier instrucción necesaria para que los usuarios la utilicen.

También tendrá que crear un icono. Dedíquele algún tiempo y hágalo bien: los iconos convencen a los usuarios de que instalen y utilicen su aplicación. Piense en ellos de la misma forma iterativa que en sus esfuerzos de desarrollo y mejórelos constantemente.

## LANZAMIENTO Y PROMOCIÓN DE SU APLICACIÓN

Cuando esté terminada la primera versión utilizable de su aplicación, empiece presentándola a sus posibles usuarios. Si tiene una comunidad en Facebook (por ejemplo, una página), los miembros de esa página son los usuarios perfectos. Añada la aplicación a su muro. Su cuenta de Twitter, su *blog* o *newsletter* también son buenas formas para realizar el lanzamiento inicial de su aplicación a los usuarios que ya tienen cierta afinidad con la marca. Escuche con cuidado sus comentarios y utilícelos para documentar las siguientes interacciones.

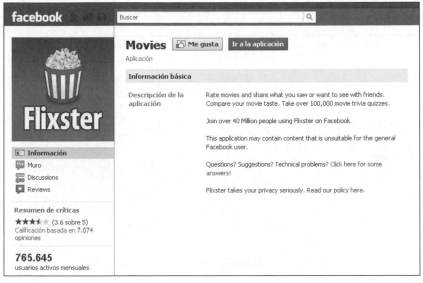

**Figura 6.9.** La aplicación tiene varios lugares (por ejemplo, su página) en los que tiene que crear una apariencia atractiva para convencer a los usuarios de que la instalen.

Cuando su aplicación tenga cinco usuarios totales o diez usuarios activos al mes puede añadirla al directorio de aplicaciones de Facebook. El enlace que necesita está en la página de configuración de su aplicación (véase la figura 6.10). Además de la descripción obligatoria de 250 caracteres, también puede cargar un logotipo de 75 píxeles cuadrados. Aproveche estas dos oportunidades: describa su aplicación utilizando palabras clave que la gente pueda buscar e incluya una imagen atractiva del logotipo de su aplicación.

Si ha diseñado su aplicación para que sea intrínsecamente social, el lanzamiento inicial reunirá a un grupo de usuarios que la compartirán con sus amigos. En un mundo perfecto habría hecho un trabajo tan bueno que este grupo sería lo único que necesita para promocionar la aplicación y que se difunda. Si ése no es el caso, no se preocupe. Recuerde que está trabajando de forma iterativa y que realizará mejoras constantes. Puede contratar distintos servicios para promocionar su aplicación, pero la opción más sencilla es utilizar el sistema de anuncios de Facebook (eche un vistazo al capítulo 11 para tener más información). También puede comprar espacio para sus anuncios en una de las redes publicitarias de Facebook, pero es una buena idea empezar con los anuncios de Facebook.

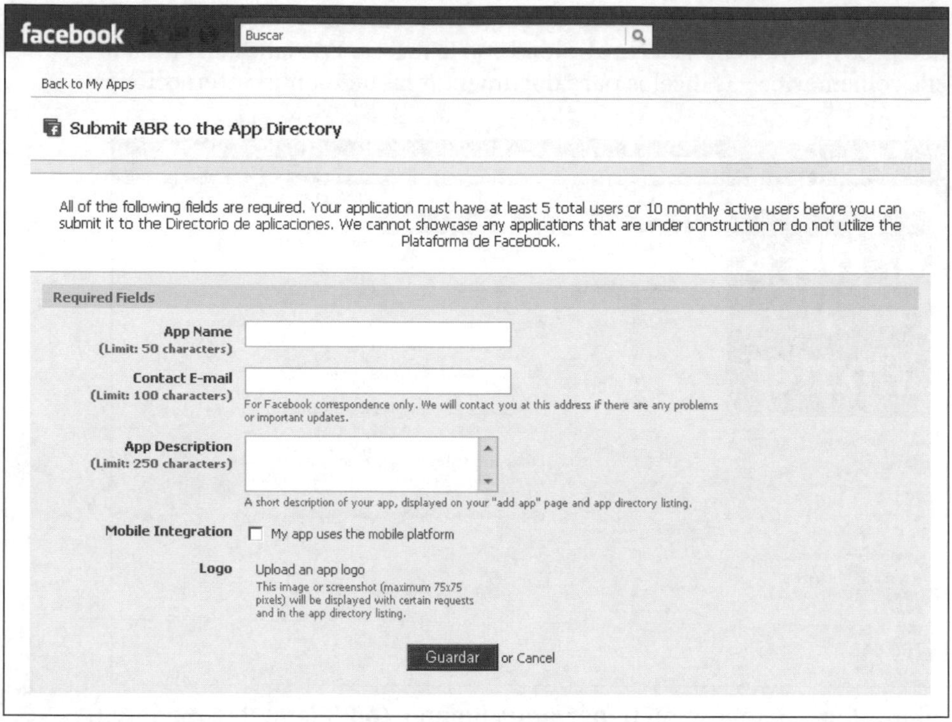

**Figura 6.10.** Ésta es la pantalla que verá cuando añada su aplicación al directorio de aplicaciones de Facebook.

# RESUMEN

El aspecto más importante en el diseño de una aplicación de Facebook es construir la actividad social directamente en la estructura de la aplicación. No añada la funcionalidad para compartir en el último momento. Descubra qué comportamientos sociales llevan a cabo sus usuarios en Facebook y utilice su aplicación para facilitarlos.

Minimice el tiempo que tarda un usuario en obtener rendimiento de su aplicación, simplifíquela para que su utilización sea intuitiva al máximo y asegúrese de que la gente sea social con ella.

El desarrollo de una aplicación de Facebook es un proceso continuo y debería esforzarse para conseguir los objetivos de desarrollo iterativo *release early, release often*, es decir, mejorar su aplicación enseguida y con frecuencia. Piense en su aplicación como en un trabajo de mejora constante.

# 7. Personalizar su página de Facebook

Tendrá que competir con muchas marcas en Facebook, por eso personalizar su página es crucial. Su mejor opción para que el contenido destaque y se comparta es personalizar todos y cada uno de los aspectos de su página: nombre, URL, página de entrada para nuevos visitantes, últimas actualizaciones de estado que ven los miembros de la página la sección Últimas noticias, etc.

Facebook no es tan fácil de personalizar como un sitio Web porque tiene sus propias reglas. Muchas marcas no aprovechan al máximo las herramientas gratuitas y la funcionalidad de Facebook, así que un poco de esfuerzo adicional por su parte puede marcar la diferencia. Facebook cambia continuamente las herramientas y los métodos de personalización exactos; por eso, este capítulo explora las estrategias para hacer que su página destaque del resto y se convierta en el destino preferido para los seguidores sin depender de una funcionalidad específica.

## EL ICONO DE LA PÁGINA

El icono de la página es lo primero que ven los miembros de la página cada vez que la visitan. La miniatura de esta imagen le representará en la sección Últimas noticias de Facebook, donde muchas otras páginas y amigos también reclaman atención. El icono de su página tiene que destacar, pero también tiene que representar claramente su marca y ser fácilmente distinguible.

El icono de una página suele ser el logotipo de una empresa o alguna variante del mismo. El tamaño perfecto es de 200 píxeles cuadrados, que se adapta exactamente a la miniatura sin recortarla. También puede experimentar con un icono más alargado de 600 píxeles de alto por 200 píxeles de ancho. En este caso, una tercera parte del icono (200 píxeles cuadrados) debería ser algo que sirva como miniatura y podrá especificar cómo recorta Facebook el icono. Establecer una conexión entre el icono de la página y la miniatura que aparece en Últimas noticias le ayudará a aumentar la interacción, la participación y los enlaces visitados; los miembros de la página reconocerán inmediatamente su marca y responderán a su contenido.

El icono de la página es una representación importante de su marca y de su página, por eso debería aprovechar al máximo el espacio de Facebook. Un icono le proporciona más espacio para modernizar la apariencia de su página en el Muro, mientras que un logotipo consistente dentro del icono evita la confusión en la zona Últimas noticias. Muchas marcas de moda (véase la figura 7.1) utilizan un logotipo estático y rediseñan de vez en cuando el resto del icono para mostrar nuevas tendencias.

**Figura 7.1.** Los iconos de Facebook que son más grandes tienen más espacio para personalizar su página en las secciones Muro e Información. Las marcas de moda utilizan mucho este truco.

# DISEÑAR ACTIVOS Y MEDIOS

El icono de su página será una primera impresión buena, pero no se detenga ahí. Aproveche una de las herramientas de personalización más importantes: las pestañas de Facebook.

Las pestañas de una página alojan contenido personalizado, se crean con FBML y son puramente informativas. Las pestañas personalizas para las aplicaciones ofrecen interactividad mediante reproductores multimedia, formularios, concursos y juegos.

Facebook ha reducido el ancho de las pestañas a 250 píxeles, algo que pone nerviosos a muchos administradores de páginas, pero todavía hay mucho espacio para ver los mensajes. Contrate un diseñador o dedique recursos de su empresa para desarrollar unas cuantas pestañas personalizadas. Hasta ahora las pestañas se creaban utilizando FMBL, pero Facebook ya ha empezado a incluir *iframes*. De cualquier forma, necesitará un poco de conocimiento de código para construir su página y ponerla en funcionamiento, pero no demasiado para visualizar pestañas.

Si planea ir más allá de los límites de personalización de Facebook puede que necesite contratar a alguien que construya una aplicación personalizada que se ejecute en su pestaña. Esto no es lo mismo que una aplicación para los usuarios, como un juego; esta aplicación sencillamente proporciona funcionalidad interactiva adicional a la pestaña (véase la figura 7.2).

Aunque la pestaña personalizada de una aplicación es atractiva, también implica más trabajo, especialmente ahora que Facebook ha cambiado las directrices para las páginas. Si acaba de empezar con el marketing en Facebook elija un diseño sencillo y cambie a una opción más personalizada cuando sepa cómo funciona su página.

# CONTENIDO

El capítulo 8 profundiza en el tema de la optimización y el desarrollo de contenido, pero merece la pena mencionarlo aquí también.

Añadir y actualizar contenido, tanto en pestañas estáticas como en actualizaciones de estado (véase la figura 7.3), es una de las formas más fáciles de personalizar su página y que destaque del resto.

Piense en su marca y en su empresa. ¿Tiene voz? Puede que se trate de una hermana mayor seria y con mucha información que compartir. O puede que sea el típico amigo bromista. Su marca tiene una voz, una personalidad, y Facebook es un gran lugar para utilizar esa personalidad.

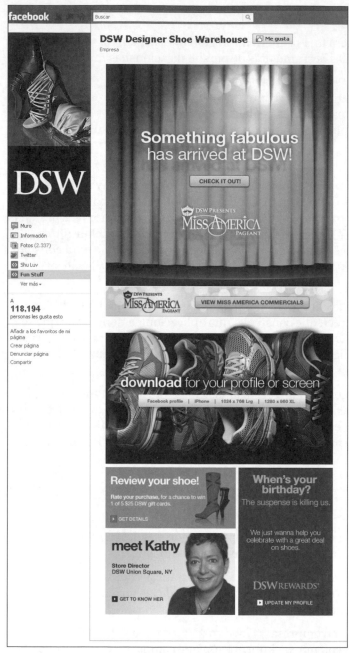

**Figura 7.2.** Un sencillo diseño de pestañas personalizadas ayuda a dirigir a los visitantes a su sitio Web o a otras partes de Facebook. La apariencia deberá estar en consonancia con la de su marca.

**Figura 7.3.** Lo que escriba en el Muro será lo que verán la mayoría de los miembros diariamente. Personalícelo e incluya fotografías y enlaces, como ha hecho la marca Ideeli en este ejemplo.

El contenido es la parte más maleable de una página de Facebook, por eso debería tenerlo en cuenta. No importa qué ofrezca en su página o el tono que quiera darle, la personalización del contenido es clave. Busque a alguien que sepa redactar bien y no sólo en correos electrónicos largos y en páginas Web. Es necesario un tacto especial para que una actualización de Facebook sea interesante, informativa y notable en sólo 50 palabras (o menos).

Si ha invertido en algunas pestañas generales o multiuso con espacio para contenido estático, puede cambiar el texto y mantener fresca su página sin tener que rediseñarla por completo. Esto le ayudará a personalizar sus pestañas y su página siempre que sea necesario, aunque no tenga a su disposición demasiados recursos de diseño.

## PAUTAS Y DÍAS DE LA MARCA

En teoría, debería escribir contenido nuevo en su página todos los días. Las actualizaciones de estado son la forma más fácil de personalizar la página y adaptarla a su marca. Los miembros de la página pueden verlas en sus últimas noticias o si hacen clic para visitar su página. Cada publicación es una forma sencilla y rápida de personalizar su página a través del contenido.

Para personalizar aún más su página asigne pautas y temas para cada día. Estos temas generales permiten cierta flexibilidad en un contenido específico, a la vez que crean expectativas para los miembros de la página. Les da algo que esperan con entusiasmo sin tener que revelar todo el contenido. También les ayudará a reconocer rápidamente sus publicaciones en la sección Últimas noticias.

Puede que haya visto un ejemplo de esto creado por los usuarios en Twitter: *Follow Friday* (se trata de seguir a una persona determinada los viernes). Muchas marcas han copiado la idea y han tenido mucho éxito en sus páginas de Facebook (véase la figura 7.4).

Los temas pueden ser muy abiertos y dedicados a los consumidores o muy sutiles. Por ejemplo, el "viernes de los seguidores" podría destacar a un miembro activo de la página, mientras que en las "curiosidades del jueves" podría dar a conocer distintos aspectos divertidos sobre su marca o empresa.

También puede utilizar el tema para guiar la creación de contenido. El jueves puede ser el día en el que da consejos y el miércoles el día de los concursos. Por supuesto, no tiene que dar este tipo de nombre a todas las promociones y las condiciones y los premios pueden cambiar.

De cualquier forma, los temas pueden hacer que el desarrollo de contenido sea mucho más fácil y ayudará a los miembros de su página a seleccionar los días favoritos para visitar su página.

**Figura 7.4.** T.J. Maxx pide a los miembros de su página que envíen sus mejores hallazgos de moda para que la comunidad los vote el viernes. El ganador se incluye en la página y T.J. Maxx obtiene mucha interacción.

## MATERIAL EXCLUSIVO

Quiere que la gente visite su página de Facebook y, en última instancia, que visite su sitio Web o su tienda física para adquirir sus productos o servicios.

Sin embargo, a no ser que ya sean clientes no podrá empezar con las ventas agresivas. Tiene que convencer a los usuarios de Facebook para que hagan clic en el botón **Me gusta** de su página y que después sigan visitándola.

Personalizar el diseño y el contenido de su página atraerá a nuevos visitantes, pero ofrecer contenido exclusivo (véase la figura 7.5) hará que vuelvan. Ésta también es una de las mejores formas de distinguirse del resto de competidores, que no podrán ofrecer lo que mismo que usted.

**Figura 7.5.** Britney Spears suele incluir un adelanto de sus fotografías o noticias en su página de Facebook.

Piense en lo que les gusta a sus clientes actuales. Los descuentos y las ventas especiales para miembros son una buena oportunidad para las páginas de minoristas, pero no tenga miedo a ser original.

Podría dar un regalo especial sólo a los miembros de la página de Facebook. O podría ofrecer un segundo plano que no viene en el menú y para el que es necesario una contraseña secreta.

Todo esto puede sonarle un poco cursi, pero a la gente le gusta sentirse especial. La exclusividad alimenta ese sentimiento y también es una forma muy sencilla de personalizar una página.

La oferta exclusiva puede cambiar todas las semanas o rotar una vez cada varios meses. Colóquela en una pestaña personalizada, que los usuarios tengan que hacer clic en el botón **Me gusta** para verla y después promociónela de vez en cuando a través de actualizaciones de estado.

Y, lo que es más importante, hable con su marca y asegúrese de que su página ofrece algo que no ofrece nadie más.

## PESTAÑAS PERSONALIZADAS

Facebook ha intentado mantenerse al margen de las opciones demasiado personalizadas que ofrece MySpace, pero puede crear pestañas personalizadas.

Las pestañas están limitadas a 520 píxeles de ancho y no pueden tener contenido que se reproduzca de forma automática; para poder participar en cualquier funcionalidad interactiva hay que hacer clic en ella.

Aunque sólo se pueden personalizar unas pocas pestañas, puede conseguirse un gran resultado.

Si no tiene muchos conocimientos de código o los recursos necesarios para contratar a alguien que lo haga, empiece con una pestaña básica e incluya algunas imágenes estáticas y texto.

Muchas aplicaciones gratuitas le proporcionan la estructura básica de una pestaña y le permiten personalizarla. FBML estático es la más conocida pero, como hemos mencionado anteriormente, Facebook ya ha empezado a cambiarse a los *iframes*, así que téngalo en cuenta.

Existen otras aplicaciones que le ayudan a crear pestañas readaptando contenido que ya existe. Social RSS está muy bien para incluir el contenido de un *blog* o de otro canal RSS.

La aplicación crea una pestaña en la que sólo tiene que escribir una pequeña introducción, un titular y una fuente RSS.

Involver es un servicio que ofrece un conjunto de herramientas para crear pestañas en Facebook y para utilizarlas no es necesario tener conocimientos de código, aunque el servicio no es gratuito (véase la figura 7.6).

**Figura 7.6.** El New York Times utiliza la tecnología de Involver para poner en práctica una pestaña personalizada sencilla, pero efectiva, en su página de Facebook.

Por supuesto, si quiere una pestaña totalmente personalizada puede construir una aplicación que se ejecute en ella y tener un control total sobre la visualización y la funcionalidad del contenido.

Para ello tendrá que contratar un experto, ya que son necesarios conocimientos de diseño y desarrollo.

## APLICACIONES DE USUARIO

Construir una aplicación para personalizar por completo las pestañas de su página está muy bien... para usted.

También puede construir una pestaña más funcional y atractiva que le guste a los usuarios (véase la figura 7.7). Crear una aplicación divertida y a la vez relevante para su empresa puede suponer un reto, pero si tiene una idea es una buena forma para promocionar su empresa en Facebook.

**Figura 7.7.** Starbucks creó una sencilla aplicación de ventajas para sus miembros que les permite obtener premios en sus establecimientos sin tener que dejar Facebook para registrarse en su sitio Web.

Las aplicaciones diseñadas para los usuarios tienen que ser divertidas. Normalmente son de lo más sencillo. Mucha gente utiliza Facebook para pasar el tiempo, por eso las aplicaciones de juegos y de trivialidades son las más populares.

Fíjese en FarmVille, Mafia Wars o Brain Budies para buscar inspiración. Las fotografías también son una parte muy importante de Facebook, por eso aquellas aplicaciones que permiten diseñar o bien decorar fotografías suelen ser un éxito.

Aplicaciones como Funny Photo Widget y Picture Frame muestran álbumes de formas elegantes y únicas. También tienen mucha fuerza porque a la gente le gusta añadir fotografías en sus muros y últimas noticias, promocionando así la aplicación de forma gratuita.

La parte fundamental de Facebook está relacionada con gustos e intereses únicos de la gente, representados por sus perfiles. Las aplicaciones que aprovechan las tendencias (normalmente narcisistas) de los usuarios habituales de Facebook y crean una experiencia adaptada a ellos funcionan bien. La aplicación Shark Week de Discovery Channel realizaba un pequeño homenaje con la información obtenida del perfil de un usuario, al igual que la aplicación CSI.

Ya se trate de fotografías, juegos o experiencias personales, todas estas aplicaciones tienen una cosa en común: están hechas para los usuarios, no para las marcas. Eso hace que sea divertido utilizarlas y que se divulguen rápidamente, lo que, a su vez, ayuda a la marca.

# RESUMEN

Hay quien dice que las reglas de Facebook para los usuarios son demasiado estrictas, en particular las destinadas a las marcas que gestionan páginas. Aunque impone algunas restricciones, Facebook ofrece a los vendedores muchas posibilidades de personalización e interacción con los seguidores (véase la figura 7.8).

Puede que no siempre tenga la libertad que quiere, pero las decisiones de Facebook se basan en un análisis meticuloso de cómo navegan e interactúan los usuarios con el sitio y le ayudarán a alcanzar sus objetivos.

No tiene que competir con las grandes marcas, sólo saber que están ahí. Eche un vistazo a lo que hacen y adáptelo a su caso concreto.

Siga las últimas tendencias y actualizaciones de Facebook y no deje nunca de escuchar a los miembros de su página: son el activo más valioso que tiene y le permitirán saber qué aspectos de su página tiene que cambiar para adaptarse mejor a sus necesidades.

**Figura 7.8.** La propia página Pages on Facebook (en inglés) sobre las páginas de Facebook muestra cómo personalizar su contenido sin muchos problemas.

# 8. Desarrollar una estrategia de contenido en Facebook

Debido a las restricciones que impone Facebook en el diseño de sus páginas, el contenido es la forma más fácil y normalmente la más efectiva para diferenciarse de los competidores. El poder de Facebook reside en su elevado número de usuarios, pero esto también crea un gran volumen de contenido. Para llegar a estos posibles clientes o entusiastas de una marca su contenido tendrá que destacar del resto. El contenido es esencial para que una campaña de marketing tenga éxito en Facebook; por eso, este capítulo explora formas de crear y optimizar contenido para los miembros de una página, lo que mejorará además su posición tanto en Facebook como en las búsquedas naturales de la Web.

## COMPETIR CON OTRO CONTENIDO EN FACEBOOK

El usuario medio de Facebook tiene 130 amigos y está conectado a 80 páginas comunitarias, grupos y eventos, aunque ésa es sólo una pequeña parte de los 900 millones de personas, lugares y cosas con los que podría interactuar en Facebook (véase la figura 8.1). Si tenemos en cuenta los más de 30 mil millones de publicaciones de contenido que se comparten al mes, entenderá por qué el contenido es un factor crucial en una estrategia de marketing en Facebook. Obviamente, el usuario medio hace muchas cosas todos los días, pero también crea unas 90 publicaciones de contenido al mes: incluye enlaces con noticias o entradas de *blog*, escribe notas, añade álbumes de fotografías, crea eventos, escribe en el muro de los amigos, etc.

**Figura 8.1.** Un usuario de Facebook puede interactuar con 900 millones de personas, lugares y cosas y se comparten más de 30 mil millones de publicaciones de contenido al mes (gráfico de The Blog Herald).

Facebook impone muchas restricciones de diseño; por eso, el contenido es la mejor forma de promocionarse a sí mismo ante los posibles miembros (y futuros clientes) de la página y hacer que los que ya tiene estén entretenidos. Por otro lado, también tiene que luchar contra el cansancio de muchos usuarios ante el flujo interminable de pensamientos aleatorios y gustos de sus amigos.

## Desarrollar una estrategia de contenido

La única forma de llevar a cabo una campaña de marketing en Facebook y no volverse loco (ni a los miembros de la página) es una estrategia de contenido bien planificada. Es tentador escribir sobre lo que nos llama la atención todos los días, pero esto puede resultar abrumador, especialmente cuando está compitiendo por llamar la atención de una sección Últimas noticias que ya está abarrotada (véase la figura 8.2). Una estrategia de contenido le ayudará a redefinir sus objetivos en Facebook y a gestionar la frecuencia de entradas y sus temas o tipo de contenido.

**Figura 8.2.** La sección Últimas noticias suele llenarse con contenido de páginas de Facebook, amigos y aplicaciones. Una estrategia de contenido puede ayudarle a ordenar este contenido.

# Establecer objetivos

¿Qué quiere hacer en Facebook? ¿Está intentando llamar la atención de aquellas personas a las que les gusta su marca y ya la utilizan? ¿Atraer a nuevos miembros de la página que ya utilizan sus servicios pero que no saben que está en Facebook? ¿Vender sus productos o generar interés por ellos? Puede que haya respondido que sí a todas estas preguntas, pero se trata de cuatro objetivos diferentes que en Facebook funcionan de forma muy distinta a como lo hacen en el resto de la Web. Facebook es una red "social" y, aunque algunas personas sean receptivas a las técnicas de venta, la mayoría están ahí para hablar con sus amigos y conectarse con las marcas que les gustan de verdad. Para ser una de esas marcas tiene que seguir las reglas no oficiales de etiqueta en Facebook. Eso significa añadir información de calidad con una frecuencia y estilo que se adapte a Facebook, es decir, que sea rápida y divertida. Puede informar a la gente de los productos que vende, pero tendrá que establecer un equilibrio entre la información interesante o exclusiva y los enlaces relacionados con las ventas.

## Determinar la frecuencia

La mayoría de los usuarios de Facebook esperan que una página añada contenido nuevo al menos una vez al día (véase la figura 8.3). Algunos prefieren un volumen de contenido mayor; otros citan este aspecto como una razón para que no les guste una página. No puede tener contento a todo el mundo, pero la ventaja de añadir contenido con cierta frecuencia es que habrá más gente que pueda verlo en sus Últimas noticias.

**Figura 8.3.** Las 10 páginas más visitadas de Facebook tienen una media de 1,7 publicaciones diarias. La página más visitada, Texas Hold'em Poker, de Zynga, normalmente escribe cinco publicaciones al día.

Piense en los horarios y en los patrones de comportamiento cuando añada contenido. Si siempre escribe el contenido a primera hora de la mañana mucha gente se lo perderá porque estarán en el trabajo. Puede que ni siquiera estén despiertos.

No es una buena idea volver a escribir las mismas publicaciones una y otra vez, porque en algún momento la gente irá a su página y verá un muro lleno de contenido repetido. Cambie su lenguaje y la forma de tratar un tema.

Las 10 páginas más visitadas de Facebook tienen una media de 1,7 actualizaciones al día. Por supuesto, también tienen una media de más de 15 millones de miembros. Si quiere atraer a nuevos miembros hacia su página debería añadir contenido de forma más frecuente, por lo menos al principio, para llenarla con buen contenido que haga que los visitantes vuelvan y que le ayude a mejorar su puesto en las clasificaciones de búsqueda.

Una buena idea podría ser añadir contenido una vez al día como mínimo y plantearse un objetivo de entre tres y cinco veces al día si tiene contenido y recursos para ello.

## Establecer patrones y temas comunes

Aunque sólo escriba contenido una vez al día, es mucho contenido adicional que tendrá que crear todas las semanas. Sin una buena estrategia, la tarea de crear y añadir contenido todos los días puede ser bastante desalentadora. ¿Sobre qué va a escribir cada día? Y lo que es aún más importante, ¿qué es lo que quiere escuchar la gente y con qué quiere interactuar?

Mantenga a raya el bloqueo que padecen los escritores estableciendo características y temas estándar para cada día de la semana (véase la figura 8.4). Así, cuando vaya a escribir el contenido del lunes sabrá cuál es el tema general que tiene que tratar. Un enfoque limitado hace que sea mucho más fácil escribir contenido nuevo y en abundancia, a la vez que cumple sus objetivos.

Establecer patrones de contenido también atraerá a los miembros de la página en cuanto sepan cuál es su día de información que prefieren. El lunes puede ser el día en el que incluya información sobre la empresa o contenido exclusivo para los usuarios de Facebook: apertura de nuevas tiendas, próximos cambios en el menú o futuros lanzamientos de productos. El martes puede ser un día para temas más generales relacionados con su industria y el miércoles podría ser el día de los concursos y los regalos.

El contenido real siempre cambia, pero los temas son los mismos. Utilizar un patrón sirve para organizarse e iniciar el proceso de creación de contenido, a la vez que condiciona a los miembros de la página para que la visiten en sus días favoritos, aumentando con ello la probabilidad de compartir el contenido.

**Figura 8.4.** Marshalls crea expectativas y genera entusiasmo entre sus seguidores en torno a sus promociones de los viernes.

## Crear un programa de contenidos

Establecer temas y patrones es mucho más fácil con la ayuda de un programa de contenidos, que le permita ver con claridad las fechas y los días de la semana (véase la tabla 8.1). Un programa de contenidos (se parece a un programa editorial, pero es la mejor opción para el contenido de los medios sociales) es la mejor forma para organizarse y cumplir sus objetivos. Puede desarrollar uno exclusivo para Facebook o incluir otros sitios, como Twitter, para que todas sus redes estén sincronizadas.

Un programa de contenidos puede ser tan sencillo o tan complejo como quiera. Se trata sencillamente de un lugar para crear contenido con antelación y asignarlo a días, frecuencias y temas específicos. Este programa le ayudará a conseguir sus objetivos aunque esté muy ocupado. Sí, puede escribir contenido con antelación y publicarlo cuando esté listo. De verdad. Algunos medios sociales pueden planificarse o programarse.

Si su objetivo es escribir una o más veces al día, es imprescindible que incluya con antelación las publicaciones en un programa de contenidos. También tiene que estar dispuesto a añadir o cambiar contenido dependiendo de las preguntas o los eventos del día. Aun así, siempre debería tener preparada al menos una buena publicación de contenido.

**Tabla 8.1.** Un programa de contenidos puede ayudarle a organizarse y no desviarse de los temas. En este ejemplo se incluye Facebook y Twitter para tener continuidad del contenido cruzado.

| FECHA | DÍA DE LA SEMANA | FACEBOOK | TWITTER | TEMA DEL MENSAJE |
| --- | --- | --- | --- | --- |
| 23/08 | Lunes | Sabemos que nuestras tiendas son un lugar que hay que visitar pero, ¿se ha etiquetado alguna vez en Lugares de Facebook o en Foursquare? Visítenos y haga *check-in* la próxima vez que quiera comprarse unos zapatos. `http://es.foursquare.com/search?q=zapatos`. | Sitios, sitios, sitios. Todo el mundo está emocionado con hacer *check-in*. Empiece a trabajar para ser alcalde: `http://bit.ly/bGdw4h`. | Mensaje de socios o promoción. |
| 24/08 | Martes | ¿Qué hay en un nombre? Si le gustan los tacones está de suerte. Ayúdenos con algunos nombres que empiecen por "M" para estos Manolos, y que sean buenos. Porque "Martas" no va a funcionar igual de bien con estas preciosidades. | ¿Qué hay en un nombre? Si le gustan los zapatos de tacón Manolos, está de suerte. Ayúdenos a darles un nombre en Facebook. `http://facebook.com.zapatos`. | Juego de los nombres. |
| 25/08 | Miércoles | ¿Era una superestrella en el colegio? Ya sabe, el/la que siempre levantaba la mano y tenía hechos los deberes. Demuestre ese espíritu aplicado y comparta sus mejores consejos para ir de compras. Como premio le daremos una tarjeta regalo. | ¿Superestrella en la escuela? Demuestre ese espíritu aplicado y cuéntenos sus mejores consejos para ir de compras. Con tarjeta regalo. | Concurso.  Ganador del concurso. |
| | | Volver a incluir los mejores consejos. | Volver a compartir los mejores consejos. | |

| FECHA | DÍA DE LA SEMANA | FACEBOOK | TWITTER | TEMA DEL MENSAJE |
|---|---|---|---|---|
| 26/08 | Jueves | Todavía estamos trabajando en un saludo. ¿Alguna vez ha intentado conducir y hacer el símbolo de un zapato con las manos? Pensándolo mejor, no responda a esa pregunta. Pero nosotros SÍ que tenemos un apretón de manos. Páselo al próximo amigo que vea. `<enlace con fotografía>`. | Cuando le damos la bienvenida al club no bromeamos. Hasta tenemos apretón de manos y todo. Conózcalo y ámelo. `<enlace con fotografía>`. | Datos curiosos. Recordatorio del viaje. |
| 27/08 | Viernes | Promoción para los seguidores (ver fotos para escribir).<br><br>Ganador de la promoción de los seguidores (ver fotos para escribir). | Promoción para los seguidores. | Seguidor de la semana.<br><br>Follow Friday. |

LUNES: socios, promociones, filantropía.

MARTES: consejos, datos curiosos, juego de los nombres cada dos semanas.

MIÉRCOLES: concursos, premios.

JUEVES: recordatorio del viaje de Facebook, vídeo/multimedia, publicidad local.

VIERNES: ganador del concurso de Facebook, recordatorio del fin de semana.

Un programa también le permite llevar un registro del contenido que ha escrito en el pasado, evitando así las repeticiones. Con este archivo también puede llevar un registro de los patrones de tráfico e interacción en relación al contenido.

# OPTIMIZAR FACEBOOK Y LOS MOTORES DE BÚSQUEDA

Seguramente estará familiarizado con las técnicas de optimización del motor de búsqueda para mejorar las clasificaciones de búsqueda de su sitio Web en Google y otros motores de búsqueda importantes. Pero, ¿ha pensado en cómo añadir los medios sociales a su estrategia de búsqueda?

Facebook puede ser un activo valioso para los resultados de búsqueda: el volumen de contenido y los distintos lugares en los que puede añadirse contenido rico en palabras clave le ayudarán a atraer a nuevos miembros a su página de Facebook y, a la vez, a proporcionar resultados de búsqueda más naturales (véase la figura 8.5). Facebook es indexado por los motores de búsqueda y también tiene acuerdos con Google y Bing para que muestren resultados de búsquedas sociales que incluyan contenido de sus amigos.

**Figura 8.5.** La página de la empresa Ideeli en Facebook aparece más arriba en la clasificación de resultados de Google que los sitios que venden cupones de descuento para sus tiendas.

La búsqueda de Facebook no siempre es la mejor a la hora de mostrar resultados, pero están trabajando para mejorarlo. Contrarreste sus defectos con alguna técnica de optimización de motor de búsqueda fantástica que le asegure que aquéllos que busquen su nombre o sus servicios puedan encontrarle. Los errores de ortografía son especialmente importantes en Facebook.

En el mundo más general de las búsquedas naturales, una página de Facebook bien optimizada puede ayudarle a superar a sus competidores proporcionándole un segundo conjunto de páginas (además de las de su sitio Web) para que aparezcan en la página de resultados de búsqueda. Esto también puede resultar útil cuando quiera realizar una gestión de la reputación en línea. Una página de Facebook también le proporciona la oportunidad de añadir unas cuantas palabras clave más que no funcionaban tan bien en su sitio Web.

# Los lugares más fáciles para poner palabras clave

Se aplican las mismas reglas de optimización del motor de búsqueda a la optimización de Facebook y a los motores de búsqueda tradicionales como Google. Las palabras clave siempre deberían estar en campos de texto y cuánto más arriba estén en la página, mejor. Los tres lugares mejores son:

► El nombre de la página: El nombre o el título de la página de Facebook es lo primero que ven los usuarios y los motores de búsqueda. Cree un título con muchas palabras clave, pero que deje claro quién es y qué hace. El nombre de su empresa o de su marca suele ser el título más efectivo (véase la figura 8.6).

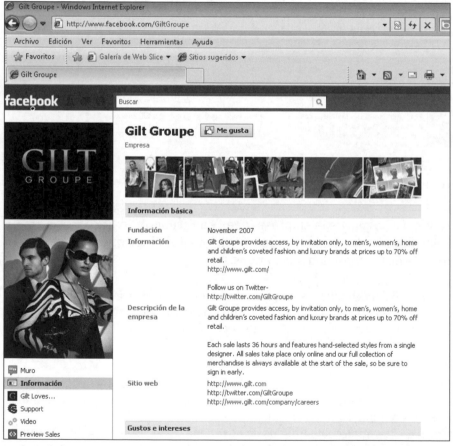

**Figura 8.6.** Gilt Groupe simplifica las cosas con un nombre de página y una URL que se corresponden con el nombre de la marca. La sección Información básica incluye palabras clave relacionadas con lo que ofrece esta empresa.

► La URL: Puede elegir una URL personalizada para su página, que es otro buen lugar para incluir palabras clave como el nombre de la empresa. Las URL de las páginas de Facebook son una gran tarea de optimización, ya que el espacio para el contenido es limitado.

► El cuadro Información: Este pequeño cuadro de 250 caracteres situado debajo del icono de la página (en las páginas con formato de pestañas) es una mina de oro infrautilizada en lo que respecta al tráfico y a la optimización del motor de búsqueda. Es una de las primeras cosas que ven los miembros de una página cuando examinan las pestañas Muro o Información. Las palabras clave que utilice aquí ayudarán en la búsqueda. Este cuadro, que tiene un lugar destacado, suele ser un buen lugar para optimizar un poco de información sobre su página, porque es el lugar más alto en el código de la página que permite texto personalizado. Incluso puede poner un enlace en el que se haga clic, sólo tiene que incluir `http://` primero. En las nuevas páginas de Facebook el cuadro Información se ha incluido en la sección Información>Información básica>Información.

## Utilizar palabras clave en las pestañas/secciones de Facebook

La estructura de pestañas de Facebook crea una jerarquía de información muy útil y la posibilidad de añadir gran cantidad de contenido rico en palabras clave.

Facebook ofrece varias pestañas estándar en una página: Muro, Información y Fotos o Vídeo, pero también puede añadir sus propias pestañas personalizadas.

En las nuevas páginas de Facebook todas estas pestañas aparecen en forma de secciones (que también se pueden personalizar) a la izquierda de la página.

► Pestaña/sección de entrada predeterminada: Facebook le permite elegir una pestaña/sección de entrada específica para los nuevos usuarios: es lo primero que van a ver y su objetivo principal es animarles a hacer clic en el botón **Me gusta** de la página. También es la primera página que examinan los motores de búsqueda. Esta pestaña/sección predeterminada puede ser una que haya creado, así que tendrá que incluir el texto pertinente que explique quién es y qué hace a los motores de búsqueda y a los usuarios de Facebook.

► Pestaña/sección Información: La pestaña/sección Información tiene campos que contienen datos descriptivos importantes sobre su página. Es importante rellenar todos los campos, ya que pueden incluirse palabras clave y enlaces tanto para búsquedas locales (en el campo Ciudad o población) como para productos o servicios más generales (en el apartado Descripción de la empresa). Los campos específicos variarán dependiendo de la categoría de la página, así que seleccione la que mejor se adapte a sus necesidades.

▶ Pestañas/secciones FBML personalizadas: En las pestañas/secciones creadas con FBML puede incluirse mucho texto rico en palabras clave. Al diseñar la página también puede incluir imágenes y enlaces, para promocionar el contenido más relevante en su sitio Web (véase la figura 8.7). Añadir pestañas/secciones a su página es una buena forma de dirigir gran cantidad de tráfico en las búsquedas naturales y Facebook. También ofrecen la oportunidad de clasificar más palabras clave, por ejemplo, términos específicos de Facebook.

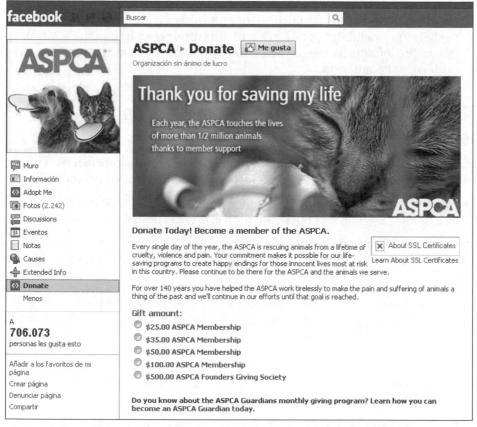

**Figura 8.7.** La asociación ASPCA utiliza una imagen sencilla pero muy emotiva para llamar la atención de los usuarios. También incluye mucho texto para que su clasificación sea alta y tenga un tráfico máximo.

## Otro contenido

No hace falta decirlo, pero es importante añadir contenido interesante a la página de Facebook constantemente y utilizar siempre todos los campos descriptivos. Este consejo va más allá de las pestañas estáticas y puede aplicarse al siempre cambiante mundo de las actualizaciones de estado y las cargas multimedia (véase la figura 8.8).

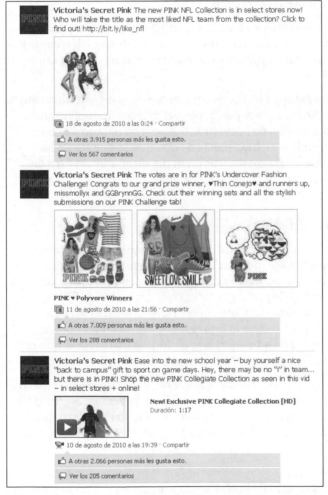

**Figura 8.8.** La página Pink de Victoria's Secret incluye vídeos, álbumes de fotografías y enlaces en sus actualizaciones de estado. También incluye títulos en todo lo que se carga en la página y crea con frecuencia eventos públicos.

Facebook permite que casi todo el contenido sea indexado por los motores de búsqueda, así que use las pestañas, las herramientas y los campos que pone a su disposición. Éstos son algunos consejos específicos para el contenido:

▶ **Fotografías:** Incluya fotografías en distintos álbumes y descripciones ricas en palabras clave en los álbumes y en cada fotografía. Cada evento o tema debería tener su propio álbum para poder localizarlo más fácilmente. Permita que los miembros de la página envíen sus propias fotografías y que comenten o etiqueten las suyas.

▶ **Eventos:** Utilice la característica Eventos tanto para eventos reales como virtuales. Rellene siempre todos los campos con una descripción completa del evento y hágalo abierto al público. Consulte el capítulo 5 para saber más sobre los eventos.

▶ **Actualizaciones de estado:** Existe un debate sobre si las actualizaciones ayudan o no a los motores de búsqueda, pero está claro que son un factor importante en las búsquedas de Facebook. Tómese su tiempo a la hora de planificar el contenido e incluya palabras clave; es lo que verán los miembros de la página diariamente. También puede añadir un foro de debate a su página para actualizar el contenido de forma más frecuente.

## Aumentar las interacciones

La interacción del usuario es crucial, aunque difícil de cuantificar, a la hora de optimizar una página de Facebook y mejorar la presencia en las búsquedas. Facebook ve las interacciones con su página (hacer clic en el botón **Me gusta**, los comentarios y las publicaciones) de la misma forma que un motor de búsqueda ve los enlaces que apuntan a su sitio: una interacción del usuario es un voto a favor del contenido de su página (véase la figura 8.9) y ayuda a Facebook a darle una clasificación más alta en su búsqueda y, en última instancia, a que la clasificación de su página sea mejor también en los motores de búsqueda.

La importancia que asigna Facebook al comportamiento e interacción del usuario también se extiende a las visitas, los clic y la asistencia a los eventos. Su función exacta o el algoritmo que utiliza para calcular la interacción no está claro, pero cuanta más participación haya en su página más alto aparecerá en las búsquedas de Facebook y más prominente será en una búsqueda sugerida.

El campo de búsqueda predictivo puede compararse con la primera página de resultados de Google. La mayoría de los usuarios nunca van a la página de búsqueda de Facebook. Cuando un usuario empieza a escribir en el cuadro de búsqueda (que está en la parte superior de la página) Facebook sugerirá amigos, páginas, aplicaciones o eventos basados en su comportamiento pasado, el comportamiento de aquéllos con los que está conectado y la optimización de las páginas.

Fomente la participación en su página añadiendo contenido con frecuencia e incluyendo contenido que pida directamente a los usuarios que interactúen. Relacione la participación con los premios: para ganar los usuarios tienen que votar fotografías haciendo clic en el botón **Me gusta** o comentándolas en el muro o en una actualización. Aunque no aporte un incentivo adicional verá que la interacción aumenta cuando termina un comentario con la pregunta: "¿Qué pensáis?". Pruébelo, la diferencia le sorprenderá.

**Figura 8.9.** La estrategia de la página Pink de Victoria's Secret ha tenido éxito, puesto que la empresa suele recibir más de 5.000 Me gusta o 1.000 comentarios.

## RESUMEN

La clave de las estrategias de marketing en Facebook es mantener su página en la sección Últimas noticias de Facebook para que los miembros la vean y añadir contenido que les guste, que comenten o que compartan. Cuando un usuario interactúa con su contenido, sus amigos también lo verán en sus Últimas noticias, ampliando por tanto su alcance. Un contenido optimizado también mejora su clasificación, tanto en los resultados orgánicos de los motores de búsqueda como en los resultados de búsqueda interna en Facebook, lo que permite a la gente buscar términos relacionados para encontrarle.

Los motores de búsqueda indexan sitios sociales como Facebook; por eso, una página bien optimizada le dará otra clasificación en los resultados de búsqueda para su empresa, industria relacionada o condiciones de servicio. Google y Bing también incluyen resultados de búsqueda de Facebook en tiempo real, de forma que las actualizaciones de estado y otro contenido oportuno podrían ponerle en la primera página de resultados de un motor de búsqueda. Un contenido rico en palabras clave es lo que alimenta tanto los resultados de los motores de búsqueda como la interacción de los miembros de una página (véase la figura 8.10). Además, las interacciones en su página ayudarán a mejorar su clasificación, ya que ponen a prueba la calidad de la página de la misma forma que lo hace un enlace fuera del mundo de las búsquedas naturales.

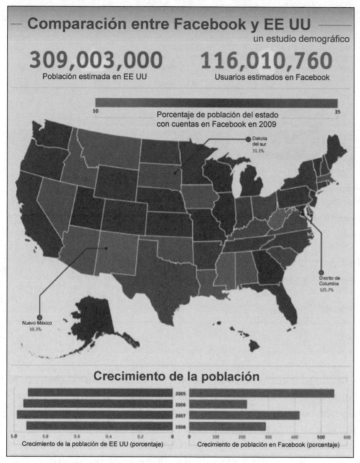

**Figura 8.10.** Debido al volumen total de personas y de contenido de Facebook en un momento determinado, para destacar del resto es necesaria una estrategia de contenido importante (gráfico de Muhammad Saleem para Mashable.com).

# 9. Promociones cruzadas de contenido en Facebook

Facebook es la red social más grande del mundo, por eso es una de las formas más importantes y más comunes al compartir contenido con los amigos en la Web. Como tal, supone un público inmensamente amplio para el contenido que no se crea en Facebook. Aunque añada contenido a su propio sitio Web, debería fomentar que se comparta. Realizar promociones cruzadas de contenido y dirigir tráfico desde su sitio Web a su página de Facebook (y viceversa) es una parte importante en una estrategia de marketing en Facebook. Este capítulo le enseña a promocionar el contenido de su *blog* y de su sitio Web para que se comparta en Facebook.

## PALABRAS MENOS COMPARTIDAS

Si está acostumbrado a escribir en Twitter, recuerde que en Facebook está tratando con una audiencia mucho más convencional. Los temas que atraen a los típicos intelectuales de los medios sociales ni siquiera llamarán la atención de un usuario de Facebook. Evite escribir sobre las nuevas aplicaciones del iPhone, los últimos movimientos de Google o la última moda en los medios sociales (véase la figura 9.1).

Por supuesto, si se produce alguna noticia que merezca la pena (y que pueda interesar a las masas no intelectuales) en estos ámbitos puede escribir sobre ella, pero no lo haga todos los días.

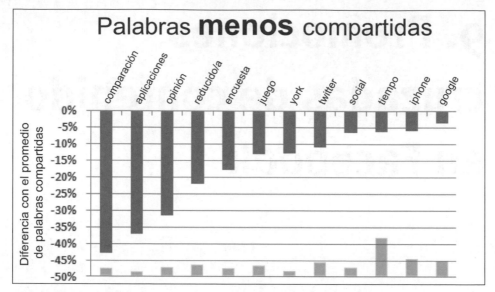

**Figura 9.1.** La inclusión de estas palabras suele tener como resultado un artículo que se comparte menos que la media en Facebook.

Aunque a la gente puede interesarle leer opiniones de productos que quieren comprar, seguramente no quieren compartirlas con sus amigos de Facebook. Parece que a los usuarios de Facebook tampoco les gustan mucho las comparaciones controvertidas entre una empresa A y otra empresa B.

## MENCIONES A LOS PROPIOS MEDIOS SOCIALES

Cuando un usuario habla sobre Twitter en un *tweet* o sobre Facebook en el propio Facebook, se obtienen resultados contradictorios. Los artículos que mencionan tanto a Twitter como a Facebook funcionan bastante bien en Twitter (véase la figura 9.2).

Sin embargo, los artículos sobre Twitter no tienen mucho éxito en Facebook, aunque escribir sobre el propio Facebook funciona mucho mejor. La gente que utiliza Facebook tiene un interés pasajero en él y seguramente también tendrá algunos amigos interesados. El contenido sobre Facebook o que lo menciona se comparte bastante en todo el sitio.

Tenga en cuenta que los usuarios de Facebook no son, en general, intelectuales de los medios sociales, así que evite escribir constantemente sobre ellos.

Para compartir contenido sobre Facebook es mejor que sea sencillo y que no profundice demasiado en comparaciones técnicas.

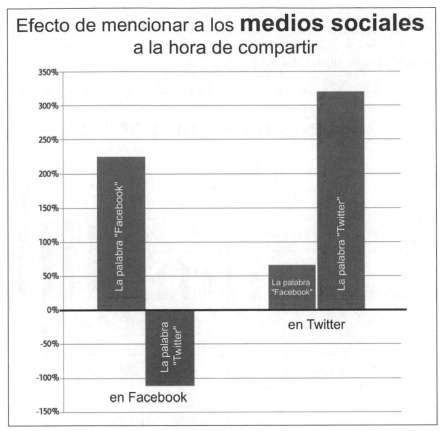

**Figura 9.2.** Hablar sobre Twitter no hace que un artículo que se comparta más en Facebook.

## PALABRAS MÁS COMPARTIDAS

Como pasa en el resto de la Web, los usuarios de Facebook no están tan interesados en leer cosas sobre su empresa; quieren leer sobre ellos mismos. Cuando escriba en Facebook dígale al lector que su artículo puede ayudarle a hacer algo y utilice la palabra "tú". Los artículos con títulos como "10 formas para hacerse rico" funcionan muy bien.

Puede escribir sobre los temas e historias que aparecen en las noticias o en las portadas de las revistas más conocidas: temas políticos y cotilleos sobre famosos. Fíjese en la palabra "dice" que aparece en el gráfico de la figura 9.3; cite a las personas siempre que pueda, especialmente si su público ya las conoce. Parece que a los usuarios de Facebook también les gusta profundizar en los temas y suelen funcionar mejor las historias cuyos títulos incluyen las palabras "cómo" y "por qué". La televisión, la radio y los sitios Web de noticias incluyen los titulares más llamativos, pero si se escribe sobre una noticia y le dice al lector cómo o por qué ha sucedido puede que le interese.

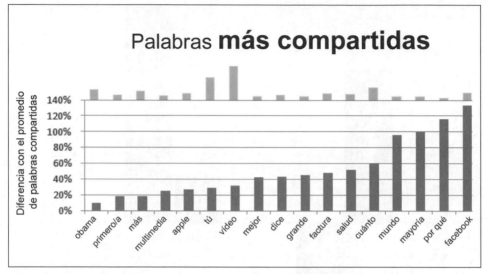

**Figura 9.3.** Utilizar estas palabras tiene como resultado artículos que se comparten más en Facebook.

Las publicaciones de Facebook pueden ser mucho más largas que un *tweet* y también puede aplicarles formato. Las más cortas son más fáciles de leer y compartir, pero las largas pueden llamar más la atención. Experimente con la aplicación Notas y adjunte enlaces o imágenes a las actualizaciones de su página.

# DÍGITOS

Cuando haga listas utilice dígitos. Por distintas razones, los dígitos funcionan bien en casi todos los contextos en línea. Nuestra investigación ha demostrado que las historias que incluyen números en sus títulos suelen compartirse más que las historias que no los incluyen (véase la figura 9.4).

Los usuarios no están muy interesados en leer cuestiones generales; quieren temas específicos y no hay nada más específico que un número.

En las historias financieras incluya cantidades en euros; en las historias sobre desastres medioambientales incluya cantidades específicas, por ejemplo, los litros de aceite que se han derramado; en las historias deportivas incluya los resultados. En cualquier momento en el que descubra una forma de incluir un dígito relevante, hágalo. Y, aunque parezca contradictorio, hemos descubierto que las historias sobre números en general suelen compartirse menos. Estas métricas incluyen a todos los números, ya sean dígitos o no. El público convencional no quiere leer historias intensivas y con muchos datos, pero cuando las leen quieren datos específicos.

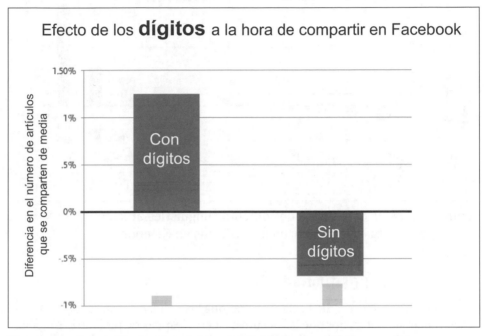

**Figura 9.4.** Los artículos que incluyen dígitos en sus títulos suelen compartirse más en Facebook que los artículos que no los incluyen.

# CONTENIDO LINGÜÍSTICO

Utilizando dos algoritmos de análisis lingüístico desarrollados por investigadores académicos, *Regressive Imagery Dictionary* (RID) y *Linguistic Inquiry and Word Count* (LIWC), hemos podido investigar el contenido cognitivo y emocional de los enlaces que se comparten en Facebook (véase la figura 9.5).

El tipo de contenido que más se comparte no resulta sorprendente si recordamos cómo empezó Facebook: entre los universitarios, donde todavía es muy popular. A los usuarios de Facebook les gusta compartir historias sobre sexo. Si se atreve pruebe a escribir algo escandaloso. Sin embargo, para la mayoría de vendedores no es el consejo más práctico.

**Figura 9.5.** Los distintos tipos de contenido lingüístico afectan a la forma en la que se comparten los artículos en Facebook.

## El poder de la positividad

Al principio, nos sorprendió bastante saber que las historias positivas funcionaban mucho mejor que las negativas, pero después de meditarlo un poco tiene sentido. No hay escasez de noticias negativas en los medios y la mayoría de la gente no entra en Facebook para deprimirse, sino para socializar con sus amigos, y eso normalmente significa sentirse bien, no mal.

Intente escribir historias positivas siempre que pueda y, cuando tenga que tratar algo negativo, añada un toque animado y optimista.

## Pruebe con un espacio para el aprendizaje

Existen otros dos tipos de contenido que suelen funcionar bien según nuestro estudio: el contenido constructivo y el educativo. Se trata de los artículos que enseñan algo a los lectores, ya sea sobre el mundo que los rodea o sobre cómo conseguir algo.

Recuerde que una buena forma de poner título a un artículo de este tipo es indicar de forma específica que le va a enseñar algo al lector.

# VÍDEO

De la misma forma que en la vida real, a muchos usuarios de Facebook les gusta ver vídeos. Otra pequeña investigación que llevamos a cabo ha demostrado que los artículos que anuncian que contienen un vídeo se comparten más que los que no lo hacían (véase la figura 9.6). Otra muestra de las diferencias que existen entre el público de Facebook y de Twitter es que esas mismas historias se comparten menos en Twitter. Esto se debe en parte al hecho de que Facebook tiene una característica que incluye el contenido del vídeo de un enlace e incrusta el vídeo (donde puede) directamente en las últimas noticias de los usuarios. Puede aprovechar este aspecto creando sus propios vídeos y cargándolos en YouTube o sencillamente incrustando vídeos relacionados con su artículo.

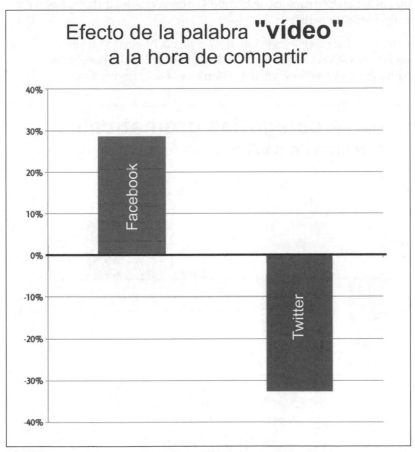

**Figura 9.6.** Los artículos que incluyen la palabra "vídeo" en sus títulos suelen compartirse más en Facebook que los que no incluyen esta palabra.

# CATEGORÍAS GRAMATICALES

Uno de los mejores libros sobre escritura es un pequeño ejemplar llamado *The Elements of Style*, pero la mayoría de la gente lo conoce por los nombres de sus autores: Strunk y White. Contiene una serie de reglas, ensayos y exhortaciones sobre gramática y estilo y enseña muchas cuestiones importantes, especialmente la importancia del lenguaje directo y conciso.

Y esas lecciones son aún más valiosas en la Web. Los usuarios que navegan en Internet son bombardeados con muchos más artículos de los que van a leer y la mayoría de esas historias están repletas de reivindicaciones superlativas y grandilocuentes. No sólo están sobrecargados de información, sino que nos estamos volviendo insensibles a los temas más impactantes. Los adjetivos y los adverbios son las armas principales de las que se abusa en los titulares basura y en los *blog* de tipo sensacionalista.

Cuando examinamos las categorías gramaticales de las historias que se comparten en Facebook vemos que los modificadores de los titulares suelen afectar negativamente al rendimiento del artículo (véase la figura 9.7).

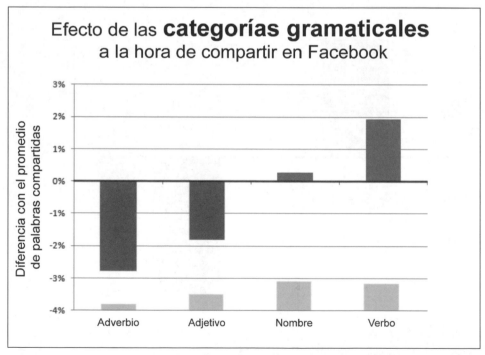

**Figura 9.7.** Los artículos que utilizan muchos adverbios y adjetivos suelen compartirse menos en Facebook que los que no los utilizan tanto.

## LEGIBILIDAD

No utilice un lenguaje retórico. La información que está presentando debería ser lo suficientemente interesante como para destacar con un titular sencillo y directo. Por supuesto, hay excepciones: algunos nichos de mercado en línea, más concretamente la fotografía y el diseño, han tenido éxito al utilizar adjetivos como "sensacional" e "increíble", pero utilícelos con cuidado. Las estadísticas del nivel de lectura indican el nivel necesario para que un lector entienda totalmente un trozo de texto. Seguramente estará familiarizado con el nivel de lectura de Flesch-Kincaid incrustado en Microsoft Word. En nuestra investigación descubrimos que el contenido que se compartía en Twitter necesitaba un nivel de lectura comparable (o ligeramente superior) al del contenido que no se compartía. Pero cuando utilizamos las métricas de legibilidad para examinar las historias que se comparten en Facebook nos encontramos con una situación muy diferente (véase la figura 9.8).

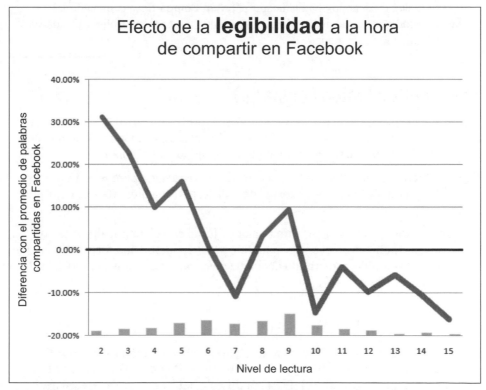

**Figura 9.8.** Cuando es necesario un nivel de educación mayor para leer un artículo, éste suele compartirse menos en Facebook que cuando el artículo es más sencillo.

A medida que aumenta la complejidad de una historia y el nivel de educación necesario para leerla, el número de veces que se comparte en Facebook disminuye. Si el nivel de un artículo es superior al nivel de educación, se compartirá menos veces que si se hubiera escrito con un nivel inferior.

Escriba sus artículos y titulares con un lenguaje sencillo y directo y haga que sean fáciles de leer.

## PLUGIN SOCIALES

Facebook ofrece varias características, llamadas "plugin sociales", que puede añadir a su sitio Web para integrar su contenido con Facebook (véase la figura 9.9). Los tres *plugin* más útiles son Share Button (botón **Compartir**), Like Button (botón **Me gusta**) y Activity Feed (Noticias de actividad).

> En la actualidad Facebook ha eliminado el botón **Compartir** y ha incluido su funcionalidad dentro del botón **Me gusta**, aunque los botones **Compartir** que ya existen seguirán funcionando.

### Share Button (botón Compartir)

El botón **Compartir** es el más antiguo y el más utilizado. Es un trozo de código JavaScript que puede copiar y pegar en su sitio para crear un botón que muestre el número de veces que se ha compartido una página en Facebook.

Esto también permite a los visitantes compartirlo consigo mismos con un solo clic. El botón puede aparecer en forma de enlace, pero recomendamos no utilizar esta versión.

Facebook le da opción de incluir un contador junto con el botón, algo que no sólo centra la atención en el botón, sino que también añade una forma de prueba social de su contenido, mostrando de forma destacada a cuántas personas les ha gustado su trabajo.

### Like Button (botón Me gusta)

El botón **Me gusta** es parecido en su implementación al botón **Compartir** pero añade funcionalidad (`http://developers.facebook.com/docs/reference/plugins/like`). Para añadir este botón es necesario copiar y pegar código JavaScript. Cuando el botón esté en su página mostrará a cuántas personas les gusta su contenido, a la vez que permite a los visitantes hacer clic en él (véase la figura 9.10).

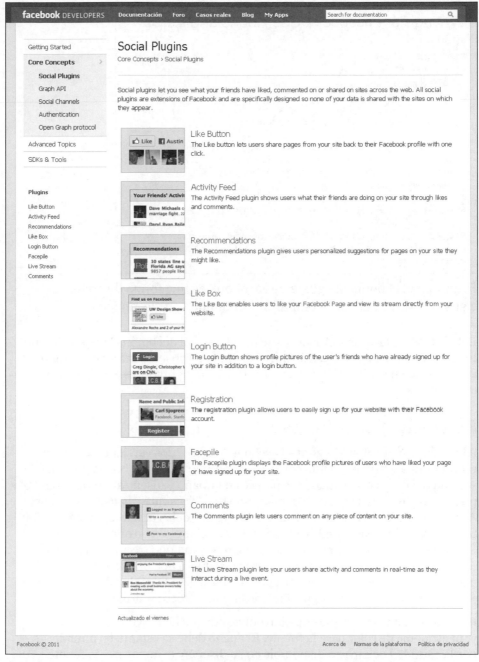

**Figura 9.9.** Facebook ofrece varios plugin sociales que le permiten integrar características sociales en su sitio Web.

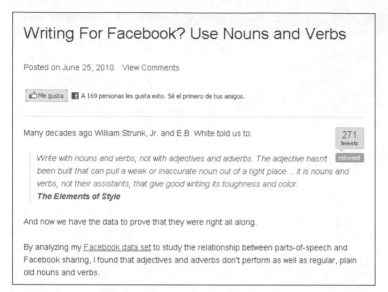

Writing For Facebook? Use Nouns and Verbs

Posted on June 25, 2010　View Comments

👍 Me gusta　▪️ A 169 personas les gusta esto. Sé el primero de tus amigos.

Many decades ago William Strunk, Jr. and E.B. White told us to:

271
tweets

retweet

> *Write with nouns and verbs, not with adjectives and adverbs. The adjective hasn't*
> *been built that can pull a weak or inaccurate noun out of a tight place… it is nouns and*
> *verbs, not their assistants, that give good writing its toughness and color.*
> **The Elements of Style**

And now we have the data to prove that they were right all along.

By analyzing my Facebook data set to study the relationship between parts-of-speech and
Facebook sharing, I found that adjectives and adverbs don't perform as well as regular, plain
old nouns and verbs.

**Figura 9.10.** El botón Me gusta de Facebook es una forma de animar a sus visitantes para que compartan contenido con sus amigos.

El botón **Me gusta** lleva el aspecto de prueba social del botón **Compartir** a un nivel totalmente nuevo: si a los amigos de un usuario les gusta su contenido antes de ver su página, el botón puede mostrarle los nombres e imágenes de esos amigos.

## Personalizar el botón Me gusta

Al configurar el botón **Me gusta** Facebook le ofrece dos versiones: el botón estándar (standard) y el botón con contador (button_count y box_count). La versión del botón con contador se parece en tamaño y diseño al botón estándar y puede sustituirlo. La versión estándar es la más frecuente y la más reconocible. Aunque tiene la opción de mostrar o no las caras, debería seleccionar la opción Show faces. Facebook también le permite cambiar el verbo que aparece en el botón: puede seleccionar like (me gusta) o recommend (recomendar) en el menú desplegable. En muchos casos es preferible la opción **Me gusta** y es la más frecuente, pero en algunas circunstancias (como la página de un producto específico) puede que quiera probar con el botón **Recomendar**.

Por último, Facebook le pide que introduzca un ancho máximo para el botón y un esquema de color para la fuente. El ancho debería estar determinado por la cantidad de espacio disponible en su diseño y la fuente por la fuente mayoritaria en su sitio Web. Le recomendamos que sea fiel al esquema de color predeterminado (la opción light), ya que incluye los colores y las sombras características de Facebook (véase la figura 9.11). Puede transmitir algunos valores al botón **Me gusta** de forma dinámica; para ello, sólo tiene que introducir los valores en el código JavaScript que se pega en el sitio.

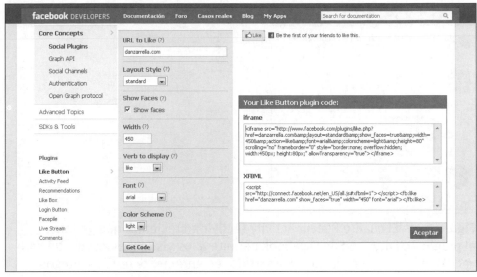

**Figura 9.11.** Utilice esta pantalla para crear un botón Me gusta en su sitio Web.

# Activity Feed (Noticias de actividad) y Recommendations (Recomendaciones)

El tercer tipo de *plugin* social de Facebook que le ofrece una promoción cruzada de contenido son las noticias: Activity Feed (Noticias de actividad) y Recommendations (Recomendaciones), como puede ver en la figura 9.12. Se trata de dos cuadros que muestran contenido concreto de su sitio Web en el que puede estar interesado un visitante. Recommendations incluye el contenido que sugiere Facebook basándose en la actividad general, mientras que Activity Feed muestra a sus lectores el contenido de su sitio que ha gustado a sus amigos. El *plugin* Activity Feed también incluye una opción para mostrar las recomendaciones en el mismo cuadro, así que le recomendamos que la utilice para aprovechar las dos opciones. Cuando configure el plugin Activity Feed, Facebook le pedirá que seleccione varias opciones de diseño para el cuadro: fuente (Font), color del borde (Border Color), altura (Height) y anchura (Width). Como pasa con el botón **Me gusta**, sus opciones dependen del espacio disponible en su sitio Web. Siga el esquema de color ligth predeterminado porque es el más parecido al propio Facebook. Para instalar el plugin Activity Feed en su sitio Web, copie y pegue

el código JavaScript proporcionado por Facebook (`http://developers.`
`facebook.com/docs/reference/plugins/activity`). No hay razón
para cambiar los valores de forma dinámica.

**Figura 9.12.** El cuadro Recent Activity (Actividad reciente) que genera
el plugin Activity Feed de Facebook permite a los visitantes de su sitio Web
ver el contenido que ha sido compartido recientemente por sus amigos.

## RESUMEN

Cuando piensa en el marketing en Facebook seguramente piensa primero en
la interacción con los usuarios del propio Facebook. La verdad es que hay mucha
actividad de Facebook que tiene lugar en sitios Web externos, por lo que debería
dedicar algún tiempo a pensar en cómo integrar el contenido que reside fuera de
Facebook en la propia red social.

Hemos llevado a cabo muchas investigaciones para ayudarle a saber cómo tiene
que escribir en Facebook. Lo más importante es escribir con sencillez y sin
rodeos y para un público convencional. Esto incluye tanto los temas que elija
como el lenguaje que utilice para escribir sobre ellos. Recuerde que escribir para
Facebook puede ser muy distinto a escribir para los entusiastas de los medios
sociales de Twitter.

Para poder compartir más contenido tiene a su disposición varios *plugin* sociales
que le permiten aprovechar al máximo algunas características de Facebook desde
su sitio Web. Son fáciles de integrar y proporcionan un gran valor social a sus
lectores, así que utilícelos.

# 10. Gestión de páginas de Facebook

Gestionar su página le garantiza estar al tanto de lo que piensan los consumidores, ayuda a atraer y a conservar miembros y puede ayudarle con iniciativas de marketing directas más allá de Facebook. Su página es una extensión de su sitio Web que ofrece a los usuarios mucha más libertad; por eso, tiene que supervisarla. Tiene que echar un vistazo a su Muro, especialmente a las opiniones buenas (y malas) de los miembros de la página.

Le guste o no, lo que la gente escribe en el Muro de su página es un reflejo de su marca. Si permite que esté lleno de *spam*, lenguaje grosero, preguntas sin respuesta o quejas, su marca lo sufrirá. Tiene que añadir contenido actualizado, eso está claro, pero también tiene que comprometerse con la gente de su página.

Este capítulo le enseña a tener su página de Facebook llena de contenido actualizado y a hacer que sus miembros sean felices.

## OFERTAS EXCLUSIVAS PARA LOS SEGUIDORES

Una de las mejores formas de aumentar el número de miembros de una página es ofrecerles algo y, más concretamente, algo que no puedan conseguir en ningún otro sitio. Al ofrecerles un descuento, una rebaja, una primicia o una fuente de información en exclusiva, les está dando una razón tangible para que les guste su página y vuelvan a visitarla (véase la figura 10.1).

**Figura 10.1.** Las ofertas exclusivas, la información o los sorteos animan a los usuarios a hacer clic en Me gusta y a volver a la página. La página de Overstock.com realiza sorteos especiales para los miembros de su página de Facebook.

Esta técnica es aún más efectiva cuando se combina con una pestaña/sección de entrada cuyo contenido aparece después de hacer clic en el botón **Me gusta** de la página: se trata de una pestaña o sección que promete una oferta exclusiva para los nuevos visitantes, pero sólo podrán acceder a ella una vez que hayan hecho clic en el botón **Me gusta**. Esto le permite cumplir de forma inmediata su promesa y probar que su página es valiosa, todo con un solo clic.

Facebook no permite realizar un seguimiento en su propio sitio, pero una oferta exclusiva puede ser una buena forma para evaluar el éxito de su plan de marketing si se tiene en cuenta el tráfico del sitio.

Cree enlaces únicos o códigos promocionales sólo para las ofertas de Facebook. Promocione esos enlaces o códigos exclusivamente en Facebook y realice un seguimiento de los canjes o los clic en su sitio Web como haría con cualquier promoción.

Estas ofertas no tienen que ser excesivas ni diferentes a las ofertas estándar que suela utilizar para atraer a los nuevos clientes o las que ofrezca en sus eventos. Sólo tiene que cambiarles el envoltorio para Facebook y asegurarse de que no son fáciles de encontrar en otros lugares. Por ejemplo, si normalmente ofrece cupones con un descuento del 10 por 100 a los nuevos clientes, pruebe esa misma técnica.

## ACTUALIZACIONES DE ESTADO FRECUENTES

Como vimos en el capítulo 8, es importante realizar actualizaciones de estado frecuentes con nueva información, concursos u ofertas para los miembros de su página. Muchos vendedores importantes utilizan esta técnica para ir por delante de la competencia (véase la figura 10.2).

También debería establecer un objetivo mínimo de una publicación al día y algunos días con más contenido.

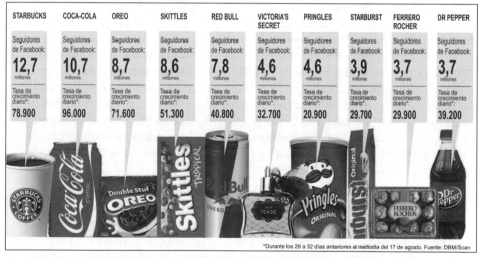

**Figura 10.2.** Existen más de 500 millones de usuarios y 900 millones de cosas con los que interactuar en Facebook; por eso, tiene que actualizar su página con frecuencia para aparecer en la sección Últimas noticias y competir con las páginas de las grandes marcas (gráfico cortesía de DBM/Scan y AdvertisingAge.com).

El truco es entretener a los usuarios sin abarrotar sus Últimas noticias ni molestarles. Asegúrese de que cada publicación tenga una razón (no la escriba sólo por obligación) y dedique unos minutos más para asegurarse de que es rápida, fácil de entender y atractiva. No olvide la corrección ortográfica y piense en qué tipo de enlaces o contenido multimedia podría incluir para que la actualización destaque. Un programa de contenidos podría ayudarle mucho en esta planificación.

Tenga en cuenta las diferencias horarias si su empresa se dirige a usuarios que viven en distintas zonas horarias. Y, aunque se entre en una sola zona geográfica, cambie las horas en las que añade contenido para ver cuál funciona mejor. Podría perder usuarios si escribe siempre a las 9 de la mañana.

Lo que tiene que recordar al actualizar contenido es que hay muchas páginas en Facebook y todas ellas compiten por un espacio en la sección Últimas noticias: quiere que su marca también aparezca en esas noticias y que la gente visite su página o comparta su contenido con los amigos. Deles una razón para volver y proporciónelas el contenido que quieren.

## CAMBIOS DE DISEÑO OPORTUNOS

Ahora ya realiza actualizaciones de estado por lo menos una vez al día y mantiene un flujo de contenido constante en su Muro y en la sección Últimas noticias. Pero, ¿qué pasa con el resto de la página? Uno de los mejores aspectos de Facebook es lo sencillo que puede ser actualizar una pestaña o sección de la página, a diferencia de lo que sucede al actualizar la página de un sitio Web. Debería pensar en actualizar su página de Facebook por lo menos cuatro veces al año. Por ejemplo, podría hacer coincidir estas actualizaciones con los cambios de estación, como hacen las marcas de moda y los menús con los productos de temporada (véase la figura 10.3). Aunque su empresa no esté relacionada con los cambios estacionales puede seguir este modelo. O considere esas transiciones como recordatorios para actualizar su página. Si tiene mucha actividad puede realizar actualizaciones una vez al mes.

Las actualizaciones de estado proporcionan una dosis diaria de contenido nuevo, pero sólo son pequeñas muestras de lo puede ofrecer su página. Renovar la apariencia y los mensajes de sus pestañas/secciones le asegurará que incluso los miembros más antiguos le sigan siendo fieles, a la vez que convence a los nuevos visitantes para que hagan clic en el botón **Me gusta** en la pestaña/sección de entrada oportuna.

Una buena idea es tener una pestaña/sección de tipo "Conózcanos" con un flujo de mensajes constante y con una apariencia que cambie. En el resto de pestañas/secciones puede alternar concursos, promociones, eventos y noticias. Realice varios cambios para ver cuáles funcionan mejor.

**Figura 10.3.** Vera Bradley utiliza varias secciones personalizadas y las actualiza con frecuencia para adaptarse a las promociones y al estilo de la empresa en cada temporada.

## PROMOCIONES

Una promoción es, por naturaleza, algo limitado en el tiempo: un concurso para Facebook, un evento realizado en una tienda o una venta en línea. Una pestaña promocional (véase la figura 10.4) está diseñada para ser actualizada con frecuencia. Las promociones a corto plazo con una duración de un día (apertura de una tienda, artículos de disponibilidad limitada, platos especiales de un restaurante, etc.) pueden convertirse en una o dos actualizaciones de estado. Sin embargo, las promociones a largo plazo merecen su propia pestaña/sección, única para esa promoción específica. También puede crear una pestaña/sección general para todas las promociones y cambiar su contenido cuando sea necesario.

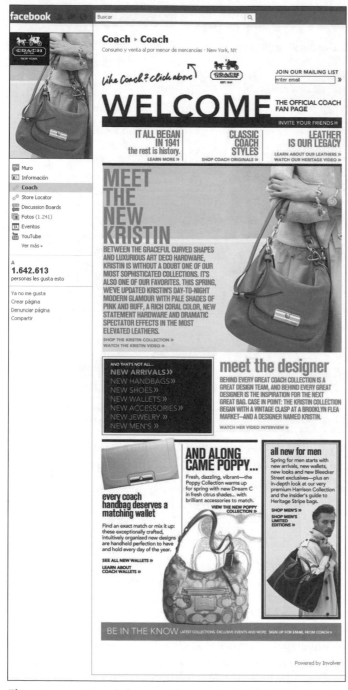

**Figura 10.4.** Coach ha creado una pestaña exclusiva para sus seguidores.

## Pestaña/sección para una promoción única

Una pestaña/sección dedicada a una sola promoción es mejor para promociones más importantes que duren varias semanas. Este tipo de pestaña/sección suele pedir a los miembros de la página que hagan algo y ofrecen una recompensa más considerable que un cupón de descuento o un refresco gratis.

Diseñe la pestaña de forma específica para que refleje la promoción e incluya algún tipo de funcionalidad que implique a los miembros: un formulario, un enlace o un juego interactivo. Debería llevar a cabo una de estas promociones de cada vez, aunque pueden realizarse junto con otras promociones a corto plazo. Publicite esta promoción de vez en cuando con una actualización de estado y un enlace con la pestaña/sección.

## Pestaña/sección para todas las promociones

Una pestaña para todas las promociones es una buena característica si tiene posibilidades de diseño limitadas pero quiere ofrecer algún producto interesante a los miembros de la página. Invierta en el diseño de una pestaña/sección estándar para las promociones con espacio intercambiable para el contenido. Esto le permitirá llevar a cabo distintas ofertas a la vez o tener informados a los miembros de próximas promociones.

## SUPERVISIÓN

El objetivo de su página de Facebook es atraer a los seguidores de su marca y construir una comunidad para los miembros de la página. Aumentar la interacción con preguntas y comentarios es una buena estrategia y supone una parte esencial de un plan de marketing en Facebook, pero también genera mucho contenido y comentarios de los usuarios que hay que supervisar (véase la figura 10.5).

Muchos servicios ofrecen una supervisión automática (con una búsqueda rápida en Google encontrará varias herramientas gratuitas y de pago), pero en realidad no existe un sustituto para la interacción humana. Eso significa que alguien de su equipo tiene que saber qué pasa en la página y responder a las preguntas, las quejas y cumplidos.

No tiene que examinar la página a todas horas, pero debería comprobarla por lo menos una vez al día. Si escribe contenido con frecuencia, aproveche para echar un vistazo. Tenga en cuenta que la mayoría de la actividad se producirá justo después de añadir contenido, así que vuelva después de escribir una publicación. Por supuesto, si lleva a cabo una promoción tendrá que elegir a los ganadores y responder a las preguntas.

**Figura 10.5.** HomeGoods sigue muy de cerca su página: informa inmediatamente de los ganadores de los concursos y ofrece actualizaciones y consejos sobre cómo votar en sus concursos.

No puede dedicar todo su tiempo a responder a comentarios genéricos de tipo "me gusta tu página", pero seleccione algunos comentarios a los que pueda aportar respuestas útiles. Haga visible su presencia, pero sin exagerar. Fomente el sentimiento de comunidad y deje que ésta haga la mayor parte del trabajo.

# MODERACIÓN

Sin embargo, supervisar la página es sólo la mitad del trabajo y, en lo que respecta al tiempo, supone sólo el 25 por 100. También tiene que moderar la página y decidir qué tipo de publicaciones debería eliminar, cuál debería responder o cuál dejar (véase la figura 10.6).

**Figura 10.6.** La página en Facebook de la marca Target, que tiene más de 3 millones de miembros, es el lugar ideal para el spam y los comentarios negativos sobre la marca.

Determinar qué contenido se queda y cuál elimina depende de usted. Algunos administradores de páginas eliminan todos los comentarios negativos; otros los dejan y responden a las críticas lo mejor que pueden. Una buena regla es dejar los comentarios legítimos, tanto positivos como negativos, para que los vea todo el mundo.

Responda a ambos tipos, ya sea con un mensaje de tipo "gracias por tu comentario" o con una respuesta adecuada a las preguntas y quejas.

Sí, a algunas personas les gusta utilizar los medios sociales sólo para quejarse. Pero, en general, es bastante fácil diferenciar aquéllos que sólo quieren causar problemas de los que quieren ayuda para resolver un problema. Si le piden una solución, intente dársela, pero no se sienta obligado a responder sólo a través de Facebook.

Un mensaje como "Hemos recibido tu queja y nos pondremos en contacto contigo para resolverla" puede funcionar muy bien. Póngalo en el Muro para mostrar que escucha a sus usuarios y envíeles un mensaje para conseguir su información de contacto y arreglar el problema en privado.

Tenga cuidado también con los anuncios de *spam*. El Muro tiene que estar abierto para los comentarios relacionados con su marca y su empresa, pero esté alerta sobre la gente que incluye enlaces con su propia agenda y elimínelos antes de que se crucen en el camino de los miembros de la página.

# RESPONDER

Ya ha eliminado los comentarios falsos o el *spam*, pero, ¿qué pasa con los problemas reales de atención al cliente? Si algo ha salido mal, es hora de arreglarlo.

Puede responder a las preguntas generales de forma bastante rápida y podría venirle bien un comentario en la publicación del usuario y una actualización de estado general (véase la figura 10.7).

Puede responder a la persona que ha realizado la pregunta para demostrarle que le escucha. Algo como "Gracias por recordárnoslo, Jason. Sí, es verano y hemos ampliado nuestro horario. Puedes pasarte en cualquier momento desde las 9 de la mañana a las 10 de la noche. Esperamos verte pronto".

Si la pregunta o la queja es más personal, tendrá que investigar y resolverlo fuera de Facebook. La diplomacia es su mejor opción en este caso. Lea la queja y reflexione.

Si no está familiarizado con la situación, hable con alguien que sí lo esté. Tendrá que conocer todos los hechos antes de aportar una solución. Mientras tanto, envíe un mensaje que haga saber al usuario que está trabajando en ello. Y después envíele un mensaje privado para conseguir su información de contacto y resuelva el problema telefónicamente o bien mediante un correo electrónico.

No olvide dar las gracias por los elogios o los comentarios relevantes sobre los artículos o las historias que se han escrito en la página. Hacerlo puede ayudarle a fomentar un sentido de comunidad. Tómese un momento para responder también a los comentarios más alegres.

**Figura 10.7.** El minorista de moda Gilt Groupe hace un trabajo muy bueno a la hora de responder a las preguntas de los miembros sobre sus productos y sus próximas ventas.

# PUBLICIDAD

Los anuncios en Facebook deberían actualizarse por lo menos cuatro veces al año, al igual que las pestañas/secciones. La publicidad en Facebook (véase la figura 10.8) es quizá uno de los vehículos publicitarios en línea más segmentados y puede tener en cuenta millones de posibles parámetros. Experimente hasta que encuentre algo que funcione y no tenga miedo a realizar cambios o pruebas.

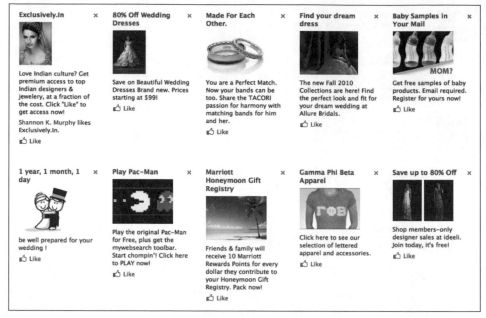

**Figura 10.8.** Los anuncios de Facebook suelen estar en páginas de entrada específicas, ya sea dentro o bien fuera de Facebook. Cuando su página de entrada cambie, también debería hacerlo su anuncio.

Cambiar un anuncio es todavía más fácil que actualizar una pestaña, ya que el espacio y las posibilidades de diseño son limitados. No se engañe; nunca debería cambiar un anuncio sólo porque haya llegado el momento de hacerlo. Siga una estrategia en todos los cambios: la publicidad tiene que estar orientada a ayudarle a alcanzar sus objetivos de marketing.

Estos objetivos podrían fluctuar a lo largo del año, desde aumentar el número de miembros de la página hasta aumentar la interacción para dirigir tráfico hacia su sitio Web. Los anuncios de Facebook que apunten a páginas externas al sitio deberían ser claros sobre la ubicación final. Incluso puede crear una página de entrada específica para dar las gracias a aquéllos que llegan desde Facebook. Esto facilita la transición, le ayuda con el seguimiento y le permite realizar fácilmente ofertas exclusivas para Facebook.

Los anuncios de Facebook que dirigen a los usuarios hacia una página de Facebook deberían tener siempre una pestaña/sección de entrada. Así que, cuando cambie sus pestañas/secciones, seguramente ha llegado el momento de cambiar también sus anuncios. Recuerde actualizar el contenido. Esto se aplica a todos los aspectos relacionados con su página de Facebook, incluidos los anuncios.

# RESUMEN

Recuerde que su página en Facebook es una representación de su marca o de su empresa, como también lo es su sitio Web, su material de marketing impreso o el que envía por correo electrónico y sus locales físicos. Está muy bien reconocer que Facebook es un lugar que hay que visitar desde una perspectiva de búsqueda y de usuario, pero aparecer en este medio social no es suficiente. Tiene que utilizar Facebook de forma efectiva; eso significa entrar, escribir contenido y responder a lo que pasa en su página (véase la figura 10.9).

**Figura 10.9.** La página Pink de Victoria's Secret siempre va por delante en lo que respecta al marketing. Échele un vistazo y encontrará ejemplos de actualizaciones de contenido, cambios de diseño y respuestas a los miembros.

Escuche a los miembros de su página. Deles las gracias, responda a sus comentarios y póngase en contacto con ellos fuera de Facebook para resolver sus problemas.

Una supervisión automática de la página puede ayudarle, pero necesitará una persona real para leer los comentarios y decidir cuáles necesitan respuesta. Sólo una persona puede detectar de verdad el tono de un comentario y sólo alguien familiarizado con su marca o negocio sabrá cómo responder.

Ésta es la naturaleza de Facebook y si tiene que escribir con menos frecuencia para responder a los comentarios, hágalo. Una página que ignora a sus miembros y sólo incluye sus propios mensajes no utiliza Facebook de forma correcta.

Recuerde que algunas veces responder no sólo implica escribir un comentario, responder también es escuchar y realizar un cambio si es necesario. Si todo el mundo escribe que odia un producto determinado, no se limite a decir: "Gracias por la sugerencia". Cámbielo. ¿Dónde podría encontrar un comentario tan sincero? Utilícelo para su propio provecho.

# 11. Publicidad en Facebook

Facebook tiene una plataforma publicitaria llamada Anuncios de Facebook. Estos anuncios son una herramienta interesante para los vendedores debido a su bajo porcentaje de clic, sus sofisticadas opciones de segmentación del mercado y su fácil integración con aplicaciones y páginas. Pueden ser especialmente útiles para reactivar su presencia en Facebook y algunas de las características de segmentación son muy útiles cuando tiene un gran número de miembros o usuarios en la página. En este capítulo conocerá esta plataforma y aprenderá a crear y publicar un anuncio.

## DÓNDE ENVIAR A LOS USUARIOS

Recuerde el motivo por el que la gente usa Facebook: no es para ver sus anuncios y después ir a su sitio Web; están en Facebook para utilizarlo. Use la plataforma Anuncios de Facebook para dirigirlos hacia aplicaciones o páginas en el propio Facebook, no hacia sitios Web externos. También tendrá que ofrecer una experiencia de usuario completa. Para crear un anuncio que envíe el tráfico hacia su página o aplicación haga clic en el enlace `http://es-es.facebook.com/ads/create/` y seleccione el destino en el menú desplegable (véase la figura 11.1).

Si de verdad quiere enviar a los usuarios hacia otro sitio puede escribir una URL de destino. Recuerde incluir símbolos de seguimiento para que pueda seguir de forma precisa el tráfico desde sus anuncios. El capítulo 12 trata este tema en más detalle.

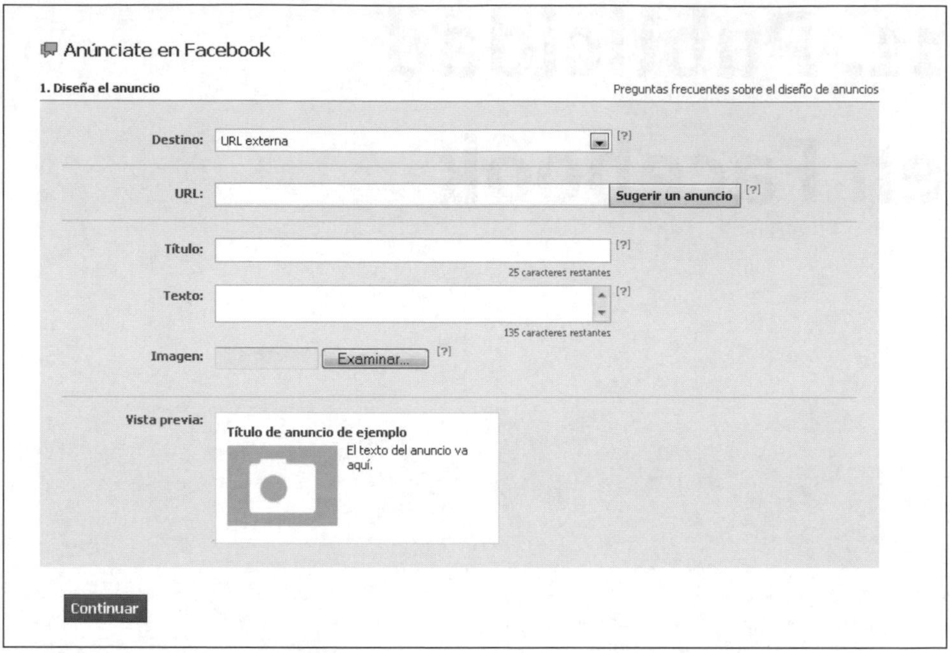

**Figura 11.1.** Utilice este formulario para crear su anuncio en Facebook.

# DISEÑAR CONTENIDO DE FORMA CREATIVA

Cuando cree un anuncio en Facebook recuerde que se está dirigiendo a una audiencia convencional que está interesada en socializar con amigos. Los elementos creativos que formen parte del anuncio, como las imágenes y el texto, también deberían reflejar este aspecto.

## Imágenes

Los anuncios de Facebook están formados por un título limitado a 25 caracteres, un cuerpo con un máximo de 135 caracteres y una imagen de 110 x 80 píxeles. Lo más importante es la imagen: es lo que llamará primero la atención del usuario (véase la figura 11.2).

Hay diferencias importantes entre las imágenes destinadas a los anuncios de Facebook y las destinadas a la impresión y a los anuncios en la Web. Los anuncios de apariencia profesional no son la mejor opción para las redes sociales.

Los usuarios de Facebook no suelen hacer clic en los anuncios, no quieren que les vendan nada y no les impresionan las estadísticas.

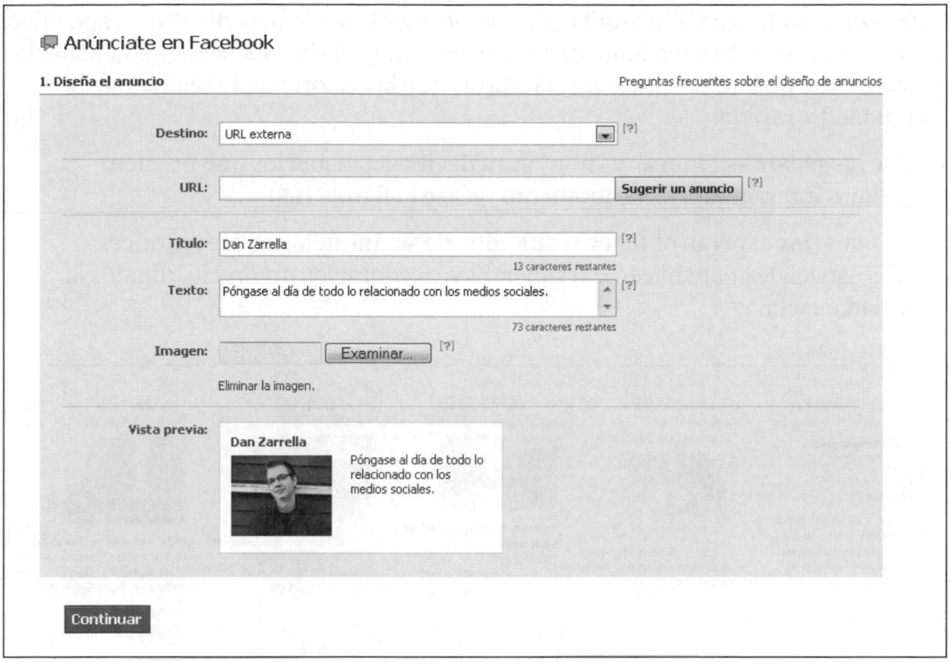

**Figura 11.2.** Seleccionar una buena imagen es clave para crear un anuncio atractivo y que llame la atención en Facebook.

Los usuarios de Facebook buscan contenido generado por los usuarios; por eso, su anuncio debería reflejar este aspecto. No utilice fotografías muy retocadas. A los usuarios también les gustan las fotografías de personas, así que utilice imágenes de gente real en sus anuncios. Recuerde el contexto visual que rodea su anuncio: Facebook es blanco y azul, así que pruebe con fotografías con colores cálidos que contrasten. A veces, pueden funcionar técnicas más llamativas, como botones de apariencia tridimensional, bordes de color rojo brillante y destellos, pero utilice estos elementos con moderación y realice pruebas con frecuencia.

## Texto

La parte escrita de su anuncio estará formada por un título y un cuerpo bastante cortos. Si alguna vez ha escrito anuncios PPC (*Pay Per Click*, Pago por clic), se sentirá bastante cómodo con el formato de microcopia. Este tipo de anuncios con caracteres limitados tienen que ser muy precisos en poco espacio, a la vez que utilizan palabras claves para segmentar el público objetivo. Sin embargo, tienen que sonar naturales. El lenguaje de las ventas sonará extraño en Facebook. Escriba de forma sencilla y clara, con muy poco lenguaje retórico y no utilice demasiados adjetivos ni adverbios.

Está escribiendo para una audiencia convencional: sea lo más directo y específico como sea posible. Incluya llamadas a la acción muy claras que le digan al usuario exactamente qué quiere que haga e indique que la acción puede realizarse de forma fácil y rápida.

Utilice las palabras "ahora" y "hoy" para decir a los usuarios que pueden empezar a interactuar en ese momento (véase la figura 11.3).

Si los usuarios esperan obtener resultados de su anuncio, utilice entonces dígitos especiales para hacérselo saber. Si va a cobrarles un precio, dígales la cantidad exacta.

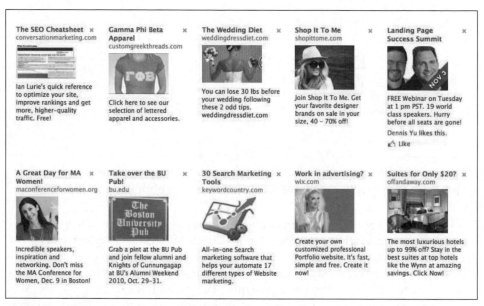

**Figura 11.3.** Cuando cree un anuncio, Facebook le mostrará una vista previa de cómo será cuando aparezca en el sitio.

## SEGMENTACIÓN DEL MERCADO

La característica más importante de los anuncios de Facebook es que permite realizar una segmentación increíble. Los usuarios proporcionan muchos datos sobre sí mismos; por eso, puede identificar grupos muy delimitados de personas a las que dirigir sus anuncios.

Aproveche este aspecto al máximo; sus campañas deberían incluir muchos anuncios y muy segmentados, que se mostrarán a pequeños grupos de personas. Facebook le guiará por los criterios de segmentación para crear su campaña.

# Ubicación

La geografía es la primera dimensión que puede segmentar en Facebook (véase la figura 11.4). Los anuncios de Facebook son muy útiles para los negocios locales, ya que incluso las marcas globales o nacionales tienen alguna conexión local. Seleccione la zona más pequeña que pueda. Cree anuncios específicos para distintas ciudades y hable con los lectores en el dialecto local. Cuanto más sepa sobre el lugar en el que se va a anunciar, mejor.

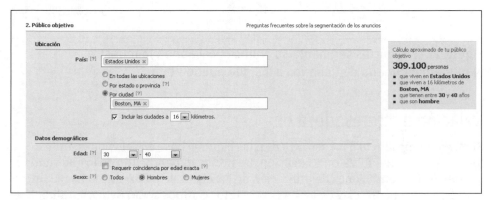

**Figura 11.4.** La plataforma Anuncios de Facebook le permite realizar una segmentación del mercado dependiendo de la geografía y la demografía.

# Datos demográficos

Facebook también le permite seleccionar requisitos de edad y sexo. Pruebe a escribir anuncios distintos para llamar la atención de gente de distintos sexos y edades. Los hombres y las mujeres utilizan Facebook de forma muy distinta, como también lo hacen las personas de distintas edades. Mientras busca a su público ideal puede empezar echando un vistazo a los anuncios que aparecen en televisión y en las portadas de las revistas dirigidas a distintos grupos. Tenga en cuenta también que los usuarios de más edad pueden estar más preocupados por los problemas de privacidad, así que no les pida mucha información personal.

# Gustos e intereses

Cuando un usuario rellena su perfil añade información sobre intereses, actividades, libros, películas, programas de televisión, etc. (véase la figura 11.5). En la plataforma de anuncios de Facebook puede utilizar palabras clave para segmentar a los usuarios que han utilizado las mismas palabras en sus perfiles. El marketing de los motores de búsqueda le proporcionará una lista de palabras clave con las que puede empezar, pero tendrá que ir un paso más allá para sus anuncios de Facebook. Piense en intereses que no estén relacionados directamente con su empresa pero que indiquen que un usuario puede estar interesado en su marca.

**Figura 11.5.** Mientras segmenta su anuncio, Facebook le muestra el número estimado de usuarios a los que puede llegar.

## Relación e Interesado/a en

Si ofrece un producto o un servicio de citas o que se base en relaciones, utilice los campos Interesado/a en y Relación. De hecho, dependiendo de lo que venda puede que las condiciones de utilización de Facebook le pidan que lo haga. Sin embargo, para la mayoría de las empresas estos campos serán de poca utilidad.

## Lugares de trabajo

Si realiza una estrategia de marketing B2B (*Business-to-Business*), especialmente para empresas grandes, el campo Lugares de trabajo puede ser una mina de oro. Segmente anuncios para empresas específicas a las que le gustaría vender sus productos o servicios.

## Conexiones y Amigos de los usuarios conectados

Si su aplicación o su página ya tiene una base de seguidores considerable, puede utilizar la sección Conexiones para cuidar a los usuarios que ya están familiarizados con su marca y convencerles de que participen todavía más o implicarles en el proceso de ventas (véase la figura 11.6).

Pregunte a los usuarios si quieren hablar con un representante de ventas o puede ofrecer descuentos especiales sólo para los seguidores. Puede utilizar la sección Conexiones para mostrar los anuncios sólo a aquellos usuarios que no son sus seguidores en Facebook. Puede ser útil mostrar a estos usuarios anuncios de introducción y con respuestas menos directas. Con el campo Amigos de los usuarios conectados con el objeto del anuncio (uno de nuestros favoritos) puede segmentar a aquellos usuarios que son amigos de los miembros de la página o de los usuarios de la aplicación. Esto no sólo permite segmentar grupos sociales que pueden estar interesados en su marca (si sus amigos lo están, seguramente ellos también), sino que cuando un usuario vea un anuncio de la página o de la aplicación con el que está conectado un amigo, aparecerá el texto "A (nombre de usuario) le gusta esto" debajo. Éste es un ejemplo increíblemente poderoso de prueba social: un usuario es mucho más propenso a prestar atención a un anuncio si alguien en el que confía lo recomienda.

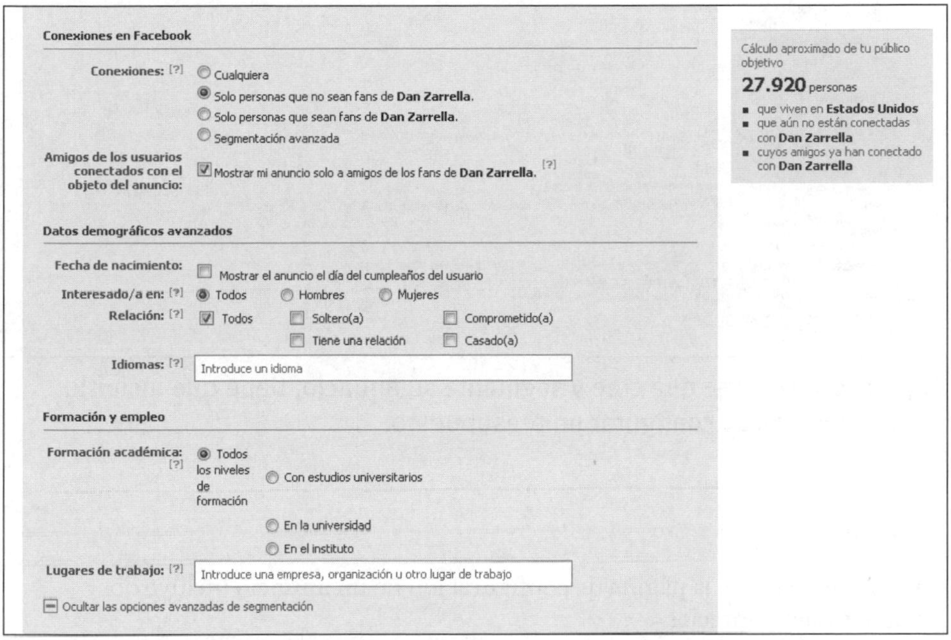

**Figura 11.6.** Los anuncios de Facebook incluyen opciones de segmentación avanzadas, como las conexiones sociales.

## PRESUPUESTO

La primera vez que cree un anuncio tendrá que ponerle un nombre a la campaña (véase la figura 11.7) y un presupuesto diario. Se trata de la cantidad diaria que está dispuesto a pagar para que se vean sus anuncios; una vez que se llega a este límite, Facebook deja de incluir sus anuncios durante el resto de ese día. Para empezar, asuma que va a gastar este presupuesto diariamente y seleccione una cantidad con la que esté cómodo. Es una buena idea empezar con una cantidad pequeña hasta que tenga una idea de los beneficios que pueden proporcionarle estos anuncios. Eche un vistazo al capítulo 12 para saber cómo calcular el valor que va a obtener de ellos.

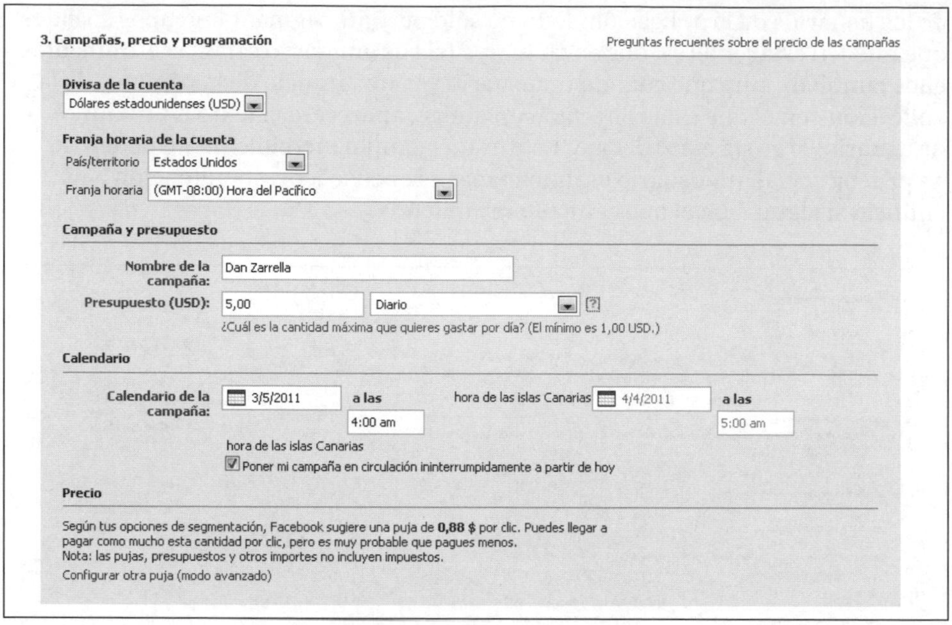

**Figura 11.7.** Una vez que cree y segmente su anuncio, tiene que incluirlo en una campaña y configurar un presupuesto.

# PUJAS

La parte inferior de la página de configuración de un anuncio incluye dos opciones para el precio:

- ▶ Pago por impresiones (CPM).
- ▶ Pago por clics (CPC).

El porcentaje de clic en los anuncios de Facebook suele ser muy bajo, por lo que seguramente querrá utilizar el modelo CPC: esto significa que sólo pagará cuando alguien haga clic en su anuncio.

Con este modelo, obtendrá miles de impresiones sin pagar por miles de clic y suele ser la fórmula más barata. Por defecto, Facebook sugiere un modelo de puja y un precio que se llama "modo simple" (véase la figura 11.8).

En general, esta recomendación funciona bien. Deje que su anuncio aparezca durante unos cuantos días o semanas. Si agota su presupuesto todos los días, pruebe a bajar su puja de forma gradual. De esta forma, podrá exprimir unos cuantos clic más de su inversión.

Precio

○ Pago por impresiones (CPM)
● Pago por clics (CPC)

**Puja máxima en USD** ¿Cuánto quieres pagar por cada clic? (El mínimo es 0,01 USD.)  [?]

0,88        Puja recomendada 0,72 - 1,05 USD

Nota: las pujas, presupuestos y otros importes no incluyen impuestos.
Usar puja sugerida (modo simple)

**Figura 11.8.** Cuando configure el presupuesto de su anuncio también tiene la opción de pagar por cada vez que se haya clic en él.

# ESTADÍSTICAS

Al hacer clic en **Realizar pedido** se envía el anuncio a Facebook para su revisión. El anuncio tiene que ser aprobado antes de publicarlo, pero la decisión suele ser bastante rápida. Una vez que su anuncio se publique, Facebook le proporcionará algunas estadísticas sencillas sobre él que puede ver en la página de gestión de campañas (www.facebook.com/ads/manage/campaigns.php). La página muestra gráficos del número de impresiones y clic e información sobre pujas y presupuestos (véase la figura 11.9).

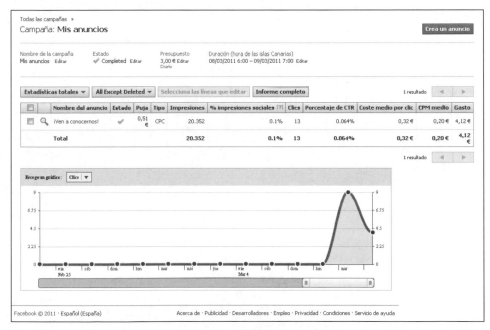

**Figura 11.9.** Una vez que su anuncio esté en marcha, Facebook le mostrará información básica sobre impresiones, clic y costes.

Estos datos están muy bien para realizar un seguimiento de cuánto gasta y para reducir el precio de las pujas si es necesario. Si envía tráfico hacia una página o aplicación, eche un vistazo a los detalles que proporciona Facebook sobre la gente que los utiliza. Si envía usuarios hacia un sitio distinto, eche un vistazo a sus estadísticas. Eche un vistazo al capítulo 12 para saber más sobre las estadísticas y la rentabilidad de su inversión.

## RESUMEN

Los anuncios pueden ayudarle a poner en marcha sus campañas de marketing en Facebook. Aproveche su naturaleza altamente segmentable y realice un seguimiento de su rendimiento.

Cuando están en Facebook, los usuarios no buscan anuncios, así que tendrá que ser creativo al diseñar las imágenes y escribir el texto de sus anuncios para que llamen la atención. Muchos anuncios reales contienen errores ortográficos y gramaticales, así que tenga cuidado al escribir el texto. Algunas marcas buscan una solución fácil y descuidan sus promociones; no sea uno de ellos. Invierta un poco de tiempo adicional para crear un buen anuncio y un plan de pujas eficiente: al final, llegará a sus objetivos mucho más rápido.

# 12. Estadísticas y rentabilidad de la inversión

Como pasa con muchas estrategias de marketing, es muy importante realizar el seguimiento de su desarrollo en Facebook, no sólo para justificar su inversión, sino también para mejorar su trabajo en el futuro. El propio Facebook incluye una plataforma de estadísticas que le permite recopilar información sobre páginas, aplicaciones y anuncios. También debería estar al tanto de cómo afectan sus campañas de Facebook al rendimiento de sus actividades fuera de Facebook. Este capítulo le enseñará a hacer ambas cosas.

## ESTADÍSTICAS DE UNA PÁGINA

La plataforma de estadísticas de Facebook le permite acceder a información detallada sobre los seguidores de su marca, datos a los que sería muy difícil acceder de otra forma. En su página verá el enlace Ver estadísticas a la derecha. Entre las estadísticas básicas que están disponibles se incluye el número de usuarios activos diarios y mensuales, los nuevos usuarios a los que les gusta la página y los usuarios totales a los que le gusta (véase la figura 12.1). Estas métricas son bastante superficiales, pero son una buena forma de establecer y supervisar tendencias, especialmente el porcentaje de usuarios a los que les gusta la página y los usuarios activos al día. En general, siempre y cuando estos valores de referencia aumenten, estará yendo en la dirección correcta. Los datos básicos de interacción parecerán mucho más variables que las estadísticas de usuario. Este gráfico muestra, diariamente, a los usuarios a los que les gusta su página y sus comentarios. La cantidad de publicaciones de su sitio (además de la calidad de ese contenido) seguramente variará. El objetivo con estos datos es mantener un cierto nivel de actividad la mayoría de los días. Los datos de usuario detallados que proporcionan las estadísticas incluyen un desglose de los usuarios activos diarios, lo que le permite ver qué porcentaje de ellos se limitan a visitar la página. Así puede comparar este dato con los usuarios más participativos, aquéllos a los que le gusta, comentan una publicación o escriben su propio mensaje en su muro. En general, la mayoría de los usuarios sólo serán visitantes, pero debería animarles a participar más.

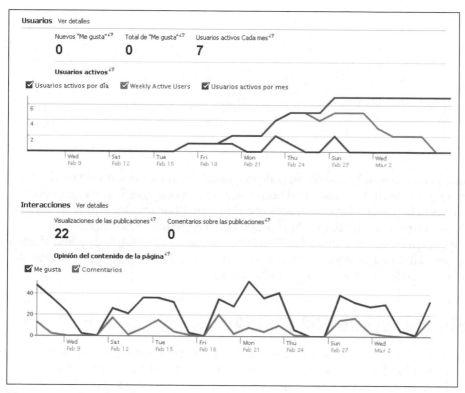

**Figura 12.1.** La plataforma de estadísticas de Facebook le permite ver información básica o detallada sobre el rendimiento de sus páginas.

## Me gusta y Ya no me gusta

Los datos de usuarios le permiten realizar un seguimiento no sólo del número de personas a las que le gusta su página, sino también del número de personas a las que ya no les gusta.

Este número normalmente será muy pequeño en comparación con las personas a las que le gusta, pero un pico importante podría indicar un problema que debería investigar.

## Datos demográficos

En la página de estadísticas de usuarios también puede profundizar en datos demográficos muy detallados sobre sus usuarios: edad, sexo, ubicación e idiomas que hablan (véase la figura 12.2).

Este tipo de información puede ser útil para su campaña de marketing y para las campañas que realice fuera de Facebook.

## Actividad y tráfico

La sección Actividad de los datos de usuarios muestra dónde se produce la actividad de su página y el origen del tráfico.

Verá una lista de las pestañas/secciones junto al número de visitas que ha recibido cada una, además de una lista de sitios Web externos que han llevado el tráfico hacia su página de Facebook. Debajo de estas dos tablas, aparecen los datos en el consumo multimedia que se ha producido en su sitio, como las reproducciones de vídeo y audio y la visualización de fotografías.

## Comentarios sobre las publicaciones de Facebook

En la página que detalla las interacciones, Facebook muestra la información sobre sus comentarios diarios con un gráfico que muestra las personas a las que les gusta, los comentarios y las cancelaciones de suscripción (véase la figura 12.3). Querrá que las dos primeras métricas aumenten y un pico importante en el gráfico de las cancelaciones de suscripción haría saltar algunas alarmas. Debajo está el gráfico del informe diario de comentarios, hay una lista de las historias publicadas en su página y del número de impresiones que ha recibido cada una y del porcentaje de comentarios. El porcentaje de comentarios es el porcentaje de usuarios que interactúan de alguna forma con una nueva historia, cuantos más mejor.

Este gráfico es muy útil para mejorar el contenido de las publicaciones de su página. Verá qué temas tienen más visitas y comentarios y preste atención a los días y las horas que parecen ser más populares. El gráfico de "Actividad de la página" muestra la cantidad de actividad realizada por los usuarios en su página, como los foros de debate, las publicaciones en el muro, los vídeos, las opiniones y las menciones. Este gráfico le enseña la actividad día a día, así que tendrá muchos desniveles.

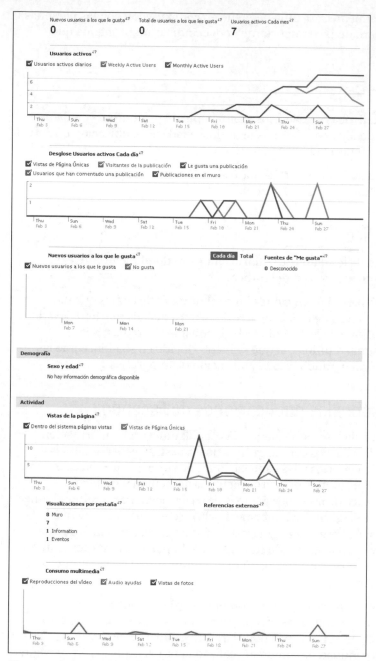

**Figura 12.2.** Las estadísticas de Facebook le proporcionan datos demográficos, geográficos y de actividad exhaustivos sobre aquellos usuarios a los que les gusta su página.

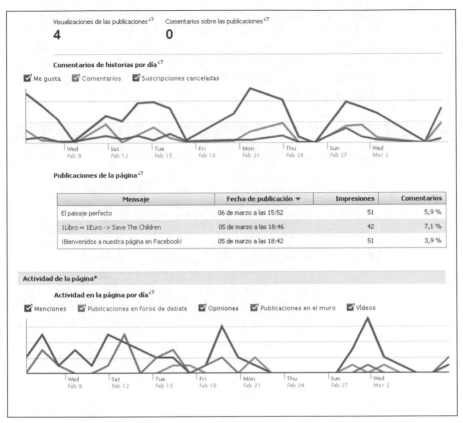

**Figura 12.3.** En las estadísticas puede ver la actividad de su página después de cada publicación.

## ESTADÍSTICAS DE LAS APLICACIONES

De la misma forma que hace con las estadísticas de una página, Facebook permite a los vendedores ver estadísticas detalladas sobre la utilización de sus aplicaciones (véase la figura 12.4).

La sección Usuarios de las estadísticas de una aplicación incluye información sobre los usuarios activos diarios y mensuales. Éstas son las métricas más importantes y visibles sobre la popularidad de una aplicación: indican el número de usuarios que han interactuado con una aplicación en un mes o día determinados. La mayoría de los usuarios permitirán el acceso de una aplicación a su perfil (es decir, instalarán la aplicación), pero muy pocos la utilizarán de forma regular. Los datos de los usuarios activos diarios y mensuales son la forma más fácil de supervisar la participación de los usuarios con la aplicación.

Facebook muestra la misma información demográfica sobre las aplicaciones que sobre las páginas: edad, sexo, ubicación e idiomas. También muestra datos sencillos sobre el número de visitas a la página principal de la aplicación y el número de usuarios que han dado a la aplicación permiso para acceder a su perfil. El objetivo para cualquier vendedor es que estas estadísticas tengan una tendencia ascendente con el paso del tiempo.

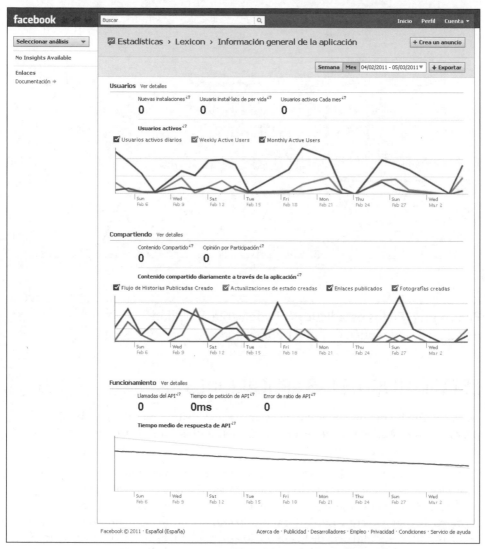

**Figura 12.4.** Las estadísticas de Facebook para las aplicaciones le proporcionan información sobre los usuarios de su aplicación.

# Publicar el contenido de la aplicación en el muro

Las aplicaciones suelen permitir a los usuarios publicar contenido en sus propios perfiles y Facebook muestra esta información en la sección Compartiendo de las estadísticas de las aplicaciones.

Facebook muestra el número de historias, actualizaciones de estado y fotografías enviadas a través de la aplicación y la cantidad de comentarios y "Me gusta" que ha recibido este contenido. También puede supervisar el número de veces que se ha ocultado este contenido.

Compartir contenido es un mecanismo viral importante para una aplicación; por eso, estos datos son una buena forma de supervisar si su aplicación es social y si funciona a la hora de generar interés en los amigos de sus usuarios.

La última sección de la interfaz de las estadísticas de una aplicación incluye información sobre el funcionamiento (véase la figura 12.5).

Para los vendedores, lo más importante es no perder de vista el tiempo que tarda la aplicación en visualizar el contenido desde que un usuario realiza la petición. Trabaje con sus desarrolladores para asegurarse de que esta tendencia disminuye con el tiempo y que su aplicación se vuelva más rápida y tenga cuidado si hay un aumento importante en este gráfico.

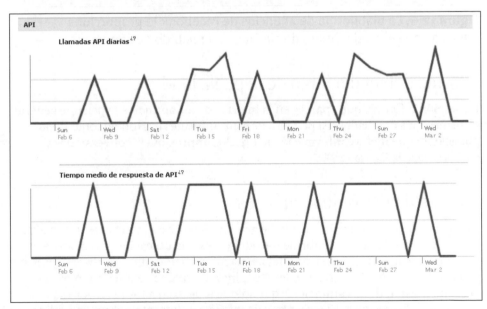

**Figura 12.5.** Las estadísticas de Facebook también le proporcionan información sobre el rendimiento de su aplicación desde un punto de vista técnico.

# ESTADÍSTICAS DE LOS ANUNCIOS DE FACEBOOK

La plataforma de anuncios de Facebook muestra información básica sobre los clic, las impresiones y el porcentaje de clic en un período de tiempo. Con esta información puede crear, además, informes sobre el rendimiento de los anuncios y sobre los datos demográficos y la información de perfil del usuario. La página Campañas de la interfaz de anuncios de Facebook incluye estadísticas básicas sobre sus campañas: número de clic, impresiones y coste (véase la figura 12.6). También encontrará un gráfico que muestra impresiones, clic y porcentaje de clic en un período de tiempo determinado. Estos datos son útiles sólo para una supervisión muy general y a simple vista de sus anuncios.

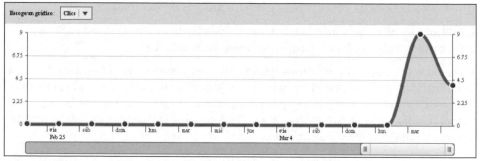

**Figura 12.6.** La plataforma de anuncios de Facebook le proporciona información sobre el número de clic que han recibido sus anuncios.

## Informe del rendimiento de la publicidad

La sección Informes que aparece en la interfaz de los anuncios le permite generar informes más detallados. El primero de estos informes es Rendimiento de la publicidad, que incluye información sobre clic, impresiones, conversiones y costes (véase la figura 12.7).

## Informe de datos demográficos

El segundo tipo de informe que puede generar desde esta interfaz es Informe de datos demográficos. Este informe muestra el sexo, la ubicación y la edad de los usuarios que hacen clic en su anuncio. Esta información puede utilizarse junto con la información demográfica de su página o de su aplicación para mejorar la segmentación de sus anuncios y que sólo se muestren a los usuarios más importantes y efectivos. El tercer tipo de informe es Informe sobre los perfiles de usuarios, que le permite ver información de los perfiles de usuario que han hecho clic en sus anuncios. Esto incluye intereses, libros, música y programas de televisión. Puede utilizar esta información para mejorar (o ampliar) la segmentación de sus anuncios. Si observa que muchos de los usuarios que han hecho clic en su anuncio tienen intereses en común, puede crear un anuncio que se dirija directamente a ese nicho de mercado.

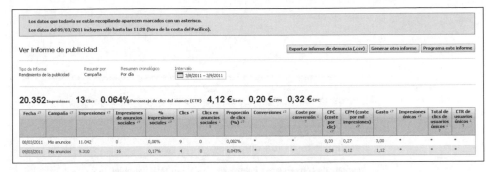

**Figura 12.7.** En el informe de Rendimiento de publicidad aparece mucha información sobre sus anuncios.

## Objetivos y KPI

El objetivo fundamental de las estadísticas es medir la efectividad de las campañas de marketing para conseguir ciertos objetivos. Antes de iniciar una campaña, debería definir con claridad cuáles son sus objetivos: ¿quiere realizar ventas o promocionar un producto? ¿Quiere generar contactos para un servicio? ¿Está interesado en enviar tráfico hacia su sitio Web para ganar dinero cada vez que alguien haga clic en sus anuncios? ¿O quiere aumentar la presencia y la repercusión de su marca? Es más fácil realizar informes para las tres primeras preguntas, ya que están más relacionadas con los beneficios y son métricas importantes a la hora de justificar inversiones de tiempo y dinero en Facebook.

Una vez que haya definido sus objetivos principales tiene que identificar los KPI (*Key Performance Indicators*, Indicadores clave de rendimiento) para poder evaluarlos (véase la figura 12.8). Se trata de métricas que indican la efectividad a la hora de conseguir sus objetivos. Si intenta conseguir ventas, entonces el KPI más importante serían las ventas atribuidas directamente al marketing en Facebook; si su objetivo son los contactos, entonces su KPI principal serán los contactos generados gracias al tráfico de Facebook. Además de estos KPI directos, es recomendable definir métricas intermedias. Normalmente, se trata de las posibles acciones de un usuario que seguramente va a completar un objetivo. Muchos de estos objetivos enfocados a la obtención de beneficios se producen fuera de Facebook, así que puede ser útil medir los niveles de participación que Facebook envía a su sitio Web. Las métricas de participación incluyen el tiempo medio que está un usuario en un sitio Web y las páginas que ve en cada visita.

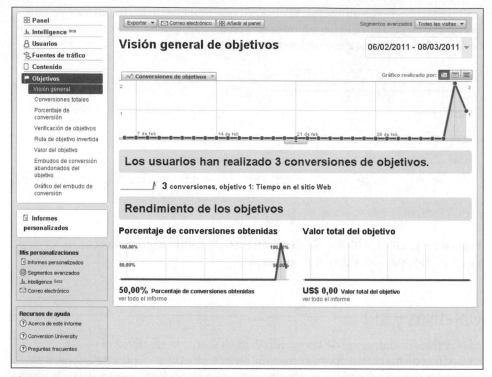

**Figura 12.8.** Si utiliza un sistema de análisis de otra empresa puede realizar el seguimiento del número de visitantes que han sido enviados desde Facebook a su sitio Web.

## REALIZAR UN SEGUIMIENTO

La mayoría de los sitios Web comerciales ya tienen instalado un paquete de estadísticas para supervisar la actividad de los usuarios. Google Analytics es un ejemplo frecuente, útil y gratuito. Si ya tiene objetivos establecidos en su sistema de estadísticas, algo que debería hacer para cualquier tipo de marketing, no sólo el realizado en Facebook, podrá medir el rendimiento del tráfico que llega desde Facebook.com en sus informes de referencia (véase la figura 12.9). Eche un vistazo a la cantidad de tráfico que envía Facebook hacia su sitio y a las métricas de permanencia en el sitio y de páginas por visita como KPI intermedios. En última instancia, tendrá que prestar más atención al número de objetivos directos que se han cumplido (ventas, contactos, etc.) y que se derivan del tráfico de Facebook. Los paquetes de estadísticas como Google Analytics también le permiten utilizar parámetros de seguimiento para mejorar el nivel de información sobre el tráfico de Facebook. Si utiliza un anuncio de Facebook para enviar tráfico hacia su sitio, añada estos parámetros al final de la URL de destino para ver el rendimiento del tráfico que llega hasta su sitio desde anuncios específicos. Cada paquete de estadísticas maneja los parámetros de seguimiento de forma distinta, así que el mejor lugar para conocerlos es directamente en su proveedor (por ejemplo, existen muchos libros y sitios Web que pueden enseñarle a utilizar los parámetros de Google Analytics).

**Figura 12.9.** Las métricas más importantes de cualquier campaña son las que afectan de verdad a su balance.

# RESUMEN

Como vendedor en Facebook está ahí para hacer negocios y ganar dinero, no sólo para hacer amigos. Es vital que realice un seguimiento de sus estrategias y de cómo se relacionan con los balances de su empresa. Facebook le permite analizar fácilmente la actividad de sus páginas, aplicaciones y anuncios con su sistema de estadísticas. Utilícelo tanto para estadísticas generales como detalladas.

Si quiere integrar sus estrategias de marketing con un sitio Web externo (algo que debería hacer) también puede utilizar sistemas de estadísticas de otras empresas para realizar un seguimiento de la efectividad del nuevo tráfico que se está dirigiendo desde la red social.

# Índice alfabético